Felicitas Römer

Ich bin keine Super-Mama!

W0180414

HERDER spektrum
Band 5886

Das Buch

Frauen unter Druck: Sowohl als Mütter als auch im Beruf wollen sie perfekt sein und haben doch ständig das Gefühl, Erziehung und Job nicht gut genug hinzubekommen. Außerdem gibt es die Super-Mamas in den Fernsehserien und gute Ratschläge von allen Seiten. Da sind Schuldgefühle vorprogrammiert.

Felicitas Römer, selbst Mutter von vier Kindern, stellt klar, was es mit den Schuldgefühlen vieler Mütter auf sich hat, und wie „frau" sich von ihnen befreien kann. Mit zahlreichen Beispielen und Geschichten aus dem Berufs- und Familienalltag sowie aus den Medien zeigt sie, wie Mütter heute unter Beschuss stehen und oft ganz automatisch in die Gewissensfalle tappen.

Doch Felicitas Römer macht vor allem deutlich, dass Schuldgefühle unnötig viel Energie kosten, die doch viel besser eingesetzt werden kann. Mütter brauchen sich nicht schuldig zu fühlen. Sie sollten vielmehr ihre zu hohen Ansprüche an sich selbst zurückschrauben. So finden sie einfacher zu ihren eigenen Stärken und sind auch ihren Kindern verlässliche Partner. Ein praktisches Erfahrungsbuch mit Selbsttests und vielen konkreten Tipps, die helfen, Schuldgefühle zu umgehen.

Die Autorin

Felicitas Römer hat Literaturwissenschaft und Soziologie studiert und ist freie Journalistin mit Schwerpunkt Erziehung und Familie. Sie ist ausgebildeter Familiencoach und arbeitet ehrenamtlich beim Elterntelefon des Deutschen Kinderschutzbundes. Sie ist verheiratet und Mutter von vier Kindern.

Felicitas Römer

Ich bin keine Super-Mama!

Schluss mit dem schlechten Gewissen

HERDER

FREIBURG · BASEL · WIEN

Originalausgabe

© Verlag Herder GmbH, Freiburg im Breisgau 2008
Alle Rechte vorbehalten
www.herder.de

Umschlaggestaltung und -konzeption:
R·M·E München / Roland Eschlbeck, Liana Tuchel
Umschlagmotiv: © Picture Press

Satz: Dtp-Satzservice Peter Huber, Freiburg
Herstellung: fgb · freiburger graphische betriebe
www.fgb.de

Gedruckt auf umweltfreundlichem, chlorfrei gebleichtem Papier
Printed in Germany

ISBN 978-3-451-05886-8

Inhalt

Meiner Tochter Laura,
durch die ich so vieles gelernt habe
und die auch vieles lernen wird ...

1

Das schlechte Gewissen
als ungebetener Dauergast

„Ich mache mir ein schlechtes Gewissen, indem ich immer versuche, alles perfekt zu machen und einem bestimmten Bild zu entsprechen. Außerdem erlebe ich einen gesellschaftlichen Druck, dass Mütter permanent Allroundtalente sein müssen, die Familie, Beruf und Haushalt immerwährend lächelnd, gut gelaunt und gelassen meistern müssen."

(Sarah, ein Kind)[1]

„Jeder will was von mir und ich will allen und allem gerecht werden. Ich bin immer da und irgendwie reicht es doch nicht."

(Marina, vier Kinder)

Haben Sie auch manchmal ein schlechtes Gewissen? Diese dumpfe Ahnung, etwas Dummes angerichtet oder etwas falsch gemacht zu haben?

Wahrscheinlich. Wir alle kennen diese kleinen, verzeihlichen Alltagssünden. Das berüchtigte überflüssige Paar Schuhe oder die 21. Handtasche. Schon wieder eine Zigarette geraucht oder zu viel Süßkram verdrückt. Eine adäquate Ausrede haben wir stets parat: „War im Sonderangebot" oder „Bin prämenstruell" sind immer gern genommene Erklärungsansätze. Solche harmlosen Ausrutscher nehmen wir meistens mit Humor und verbuchen sie unter der Rubrik „liebenswerte kleine Macken" auf unserem Selbstbewusstseinskonto.

---

[1] Zum Schutz der Personen wurden alle Namen geändert.

Anders sieht es da schon aus, wenn es um die lieben Kleinen geht: In Erziehungsangelegenheiten kennt das weibliche Gewissen kein Pardon.

Entgegen allen guten Vorsätzen mit dem Sohn geschimpft. Schon wieder keine Zeit zum Spielen gehabt. Und überhaupt: Wollte ich nicht eigentlich viel geduldiger sein? Meinem Kind immer eine ausgeglichene und gelassene Mutter sein, die stets ein offenes Ohr hat und sehr viel Verständnis aufbringt? Die facettenreiche Mutterrolle bietet dem schlechten Gewissen viele Nischen, in die es sich einnisten kann.

Nur das Beste für unser Kind, das wollen wir. Mütter treten an mit viel Idealismus und edelmütigen Absichten, erzielen aber nicht immer den gewünschten Erfolg. Und spätestens dann schlägt es zu: das schlechte Gewissen – die vage Vermutung, vielleicht doch nicht die gute Mutter zu sein, die wir eigentlich sein wollen.

Dass Mütter häufig unter Schuldgefühlen leiden, ist schon lange kein Geheimnis mehr. Und sie finden sich damit ab, wie der Autor Michael Schophaus in seinem Buch *Mütter sind die besseren Frauen* verwundert feststellt: „Immer wieder traf ich gerade bei berufstätigen Müttern auf eine tief sitzende Empfindung, die ich mir zu keiner Zeit erklären konnte: Mütter leben mit starken Schuldgefühlen. Die Schuld zwickt sie und das schlechte Gewissen zerrt an ihnen, doch wenn man sie fragt, woran es liegen könnte, bekommt man von ihnen Antworten, die nur selten überzeugen." Kein Wunder, denn sie wissen ja meistens selbst nicht, woher ihre Neigung zu Schuldgefühlen eigentlich kommt.

Was diesem Mann unverständlich ist, ist vielen Müttern allzu vertraut. Mütter haben sich daran gewöhnt, ein schlechtes Gewissen zu haben,
– wenn sie sich in der Schwangerschaft mit Zweifeln herumplagen,

- wenn sie keine natürliche Geburt „hingekriegt" haben,
- wenn sie nicht stillen können oder wollen,
- wenn sie sich im Umgang mit dem Säugling unsicher fühlen (denn eine „gute Mutter" macht doch immer alles intuitiv „richtig"!),
- wenn sie ihrem Baby nicht immer nur geduldig, zärtlich und liebevoll zugewandt sind, sondern zwischendurch mal genervt und ungeduldig sind,
- wenn sie ihre Kinder in der Kinderkrippe abgeben,
- wenn sie wegen ihrer Berufstätigkeit das Kind zu selten oder zu kurz sehen können,
- wenn sie oft gestresst, gehetzt und erschöpft sind und sich ihrer Meinung nach nicht aufmerksam genug um ihr Kind kümmern,
- wenn sie einfach mal etwas für sich alleine machen und ihre Ruhe haben wollen,
- wenn sie ihrer Ansicht nach zu wenig „Quality-Time" mit ihren Kindern verbringen oder zu selten Lust zum Spielen, Basteln, Backen oder Musizieren haben,
- wenn die Beziehung zum Partner schlecht läuft oder auseinandergebrochen ist,
- wenn sie glauben, auf bestimmte Signale des Kindes nicht rechtzeitig reagiert zu haben („Hätte ich doch bloß früher etwas getan"),
- wenn sich das Familienleben problematisch gestaltet,
- wenn sich die Kinder anders entwickeln, als sie sich das vorgestellt hatten,
- wenn die Kleinen schlechte Noten schreiben, gemobbt werden oder keine Freunde finden,
- wenn die Kinder krank werden (immer mehr Krankheiten werden psychosomatisch gedeutet!),
- wenn sie ihren Kindern nicht die angesagten Markenklamotten, einen hochwertigen PC oder ein cooles Handy bezahlen können.

Im Hinterkopf wabert die bange Frage: Mache ich alles richtig? Kann ich meinem Kind geben, was es braucht?

Nicht nur berufstätige Mütter leiden oft unter einem schlechten Gewissen. Auch Vollzeitmütter stehen unter erzieherischem Erfolgsdruck, denn sie sind schließlich angetreten, um sich dem Nachwuchs umfassend widmen zu können. Umso schlimmer, wenn dann die Gleichung Vollzeit-Mutter = Super-Mutter gar nicht aufgeht, wenn ihr die sprichwörtliche Decke auf den Kopf fällt und sich zu der alltäglichen Routine der Frust gesellt. Und wenn einem die Kleinen, die ja durchaus liebenswerte Geschöpfe sind, doch mal mächtig auf die Nerven gehen.

Manche Mütter von Einzelkindern haben ein schlechtes Gewissen, weil sie ihrem Sprössling die elementare Erfahrung von Geschwisterliebe und -streit „vorenthalten"; Mütter mehrerer Kinder haben gelegentlich ein schlechtes Gewissen, weil sie nicht allen immer gleichermaßen gerecht werden können; viele Mütter von kranken und gehandikapten Kindern haben ein schlechtes Gewissen, weil sie fürchten, irgendwie mitschuldig an der Krankheit zu sein oder für die gesunden Geschwisterkinder nicht mehr ausreichend präsent sein zu können.

Und fast alle Mütter haben ein schlechtes Gewissen, wenn sie Bedürfnisse verspüren, die zu denen der Kinder im Widerspruch zu stehen scheinen: wenn sie alleine verreisen, ganztags arbeiten gehen wollen oder wenn sie einfach mal keine Lust auf ihre Kinder haben.

Groteskerweise neigen besonders die engagierten Mütter zu Schuldgefühlen, Mütter, die stets bemüht sind, alles bestens zu machen, und bei denen das Kindeswohl an erster Stelle steht. Sie sind sich ihrer großen Verantwortung allzu bewusst, stecken sich unerreichbare Ziele und setzen sich unter ungeheuren Leistungsdruck. Sie lesen unzählige Bücher über die kindliche Entwicklung und diverse Erziehungsmethoden und kennen sich zumindest theoretisch bestens aus. Auf den Ernstfall sind sie dann aber trotzdem nicht immer vorbereitet, denn im Leben mit Kindern kommt ohnehin immer alles ganz anders. Und auf akute, bisher unbekannte Gefühlsturbulenzen, die Kinder in uns auslösen, kann man sich gar nicht vorbereiten: Sie kommen unangekündigt!

Auch die sogenannten „Spätgebärenden" sind – was Schuldgefühle und überhöhte Ansprüche an sich selbst angeht – gefährdeter als junge Mütter, die zumindest manchmal noch über eine gewisse fröhliche Unbedarftheit verfügen. Die „späte" Mutter erwartet von sich permanent pädagogische Höchstleistungen und ein extremes Maß an dauerhafter mütterlicher Zuneigung. Schließlich hat sie die Entscheidung für ein künftiges Dasein jenseits der Kinderlosigkeit ganz bewusst getroffen. Das heiß ersehnte Kind wird zum berühmten biografischen I-Tüpfelchen: Wehe, wenn dieses Projekt dann zu scheitern droht!

Auch Alleinerziehende sind geneigt, dem schlechten Gewissen ein Plätzchen in ihrem Leben einzurichten. Groß ist die Sorge, den Kindern bei all den täglichen Belastungen nicht gerecht zu werden, ihnen nicht genug bieten zu können. Mütter von Teenagern und Erwachsenen neigen eher zu Schuldgefühlen als Mütter von Kleinkindern, da sie das Ergebnis ihrer Erziehungsbemühungen bereits vor Augen haben und sicher auch schon den ein oder anderen Vorwurf wegstecken mussten.

Die meisten mütterlichen Schuldgefühle basieren aber gar nicht auf tatsächlichen Versäumnissen oder einer grob fahrlässigen Vernachlässigung der Kinder, sondern auf der bloßen Befürchtung, den allgegenwärtigen Ansprüchen und vielfältigen Anforderungen des (Familien-)Lebens nicht gerecht werden zu können.

So leiden Mütter häufig unnötigerweise unter Schuldgefühlen. Denn entgegen allen medialen Katastrophenmeldungen sind die meisten Mütter kompetente und liebevolle Mütter. Sie kümmern sich täglich verantwortungsbewusst um ihre Kinder, sind fleißig im Haushalt, engagiert im Job und auch in Beziehungsangelegenheiten meistens viel aktiver und kreativer als ihre männlichen Mitstreiter.

Doch leider würdigt das kaum jemand. Nicht mal die Mütter selber klopfen sich stolz und zufrieden auf die Schulter. Im Gegenteil: Oft sehen Mütter überhaupt nicht, was sie täglich alles gut und „richtig" machen, sondern schauen ständig besorgt auf das, was irgendwie nicht ganz rund läuft.

Obwohl die Tatsache, dass Mütter sich oft schuldig fühlen und auch oft für schuldig gehalten werden, nicht neu ist, versucht kaum jemand, ihnen die Schuldgefühle zu nehmen. Im Gegenteil: Viele scheinen davon zu profitieren, dass Mütter sich bereitwillig zu Sündenböcken machen lassen: die Gesellschaft, die sich um das Wohl der Kinder ja nicht zu kümmern braucht, da das Angelegenheit der Eltern sei; die Politik, die Familie und Erziehung zum Privatvergnügen erklärt; die Werbung, die in den engagierten Müttern die lukrative Kaufkraft entdeckt hat und auf deren latent schlechtes Gewissen nicht verzichten möchte, da es sich doch so profitabel kommerzialisieren lässt. Pädagogen, Psychologen und Ärzte können sich ungehindert als Erziehungsexperten profilieren, denn die schuldgeplagte Mutter glaubt ja mittlerweile an jedes und jeden, nur nicht mehr an sich selbst.

Und wenn Petra Gerster öffentlich den „Erziehungsnotstand" ausruft, bescheinigt sie den Eltern damit wiederum nur Unfähigkeit: „Sie singen nicht mit ihren Kindern", sie „erzählen ihnen keine Geschichten." Denn die Mutter von heute hält es Gersters Ansicht nach für wichtiger, „ihr gesellschaftliches Leben zu pflegen und sich ihre Jugend im Fitness-Studio zu erhalten". Sind moderne Mütter also erziehungsfaul und egoistisch? Wohl kaum.

Offensichtlich schrecken also auch Mütter nicht davor zurück, anderen Müttern massiv ins Gewissen zu reden. Oft sind es Frauen, die ihr eigenes Lebensprinzip für das einzig richtige halten. Ob Eva Hermans *Eva-Prinzip* oder Birgit Ehrenbergs *Mami-Falle*: Auch die leider oft polemisch geführte Debatte darüber, ob eine „gute Mutter" am heimischen Herd zu weilen oder sich lieber karrieremäßig selbst verwirklichen sollte, feiert immer mal wieder fröhliche Urstände. Das alles erhöht den gesellschaftlichen Druck auf Mütter: idealer Humus für wild wuchernde Schuldgefühle!

Wenn Mütter chronisch unter einem schlechten Gewissen leiden, beginnen sie an ihren mütterlichen Kompetenzen zu zweifeln. Schuldgefühle binden unsere Energien und machen uns zu Sklavinnen irgendwelcher Erziehungsideale und Mütter-Ideologien. Manchmal dienen Schuldgefühle unserem seelischen Schutz, meistens stehen sie uns aber bei unserer Weiterentwicklung im Weg. Sie unterhöhlen unser Selbstwertgefühl und verstellen paradoxerweise leider auch den Blick auf eventuelle echte „Schuld".

Schlimm genug eigentlich. Doch mütterliche Schuldgefühle wirken sich auch auf das Familienleben aus, und zwar häufig durchaus kontraproduktiv. Die Tatsache, dass das schlechte Gewissen kein guter Erziehungsratgeber ist, wird in der einschlägigen Literatur fast nie thematisiert. Weder in den Betroffenheitsbüchern noch in psychologischen Ratgebern zum Thema Schuldgefühle werden deren Folgen für die Familiendynamik und die Entwicklung der Kinder ausreichend thematisiert. Auch in der üppigen pädagogischen Ratgeberlandschaft findet sich derzeit kein einziges Buch, das sich der Frage widmet, wie sich Schuldgefühle der Eltern auf das Familienleben auswirken.

Dennoch gibt es zahlreiche Erkenntnisse aus Beratungspraxis und Therapie darüber, dass Schuldgefühle Probleme oft erst verursachen oder zumindest zur Aufrechterhaltung bestehender Konflikte beitragen. Es ist nicht schwer nachzuvollziehen, dass bewusste oder unterdrückte Schuldgefühle andere Familienmitglieder manchmal in schwierige Positionen manövrieren. Denn Schuldgefühle machen uns unklar, unsicher und überverantwortlich, sie führen zu uneindeutigen Verhaltensweisen und vererben sich zu allem Überfluss auch weiter. Und vor allem verhindern Schuldgefühle oft genug, dass wir ein empathisches und authentisches Gegenüber sein können.

Menschen mit einem schlechten Gewissen lassen sich prima ausnutzen und sind oft bereit, über ihre eigenen Grenzen hinwegzugehen und Dinge zu tun, zu denen sie eigentlich keine Lust haben. Vordergründig betrachtet können ihre Mitmenschen daraus Vorteile ziehen, also ihnen z. B. Aufgaben aufbürden, die sie selbst nicht erledigen wollen. Doch für ein gesundes Selbstbewusstsein und lebendige Beziehungen sind Schuldgefühle keine gute Vorraussetzung.

Es wäre also eine wirklich gute Sache, sich von dem diffusen Druck der Schuldgefühle zu befreien, der auf unseren mütterlichen Schultern lastet. Und wir können dabei eine Menge über uns lernen, uns neue Freiräume schaffen und unser Familienleben guten Gewissens nach den eigenen Spielregeln gestalten, statt ständig überzogenen Ansprüchen hinterherzuhetzen. So entlasten wir unsere Kinder und können vielleicht auch endlich Dinge tun, die wir uns vorher nie getraut hätten!

✳ Machen wir uns also die Mühe, unser Gewissen zu erforschen und zu entrümpeln, die Erwartungen von außen kritisch zu hinterfragen und unsere eigenen Ansprüche zu überdenken. Woher kommt die Neigung zu Schuldgefühlen eigentlich? Wer will uns ein schlechtes Gewissen einreden? Wer profitiert davon? Woran hindert es uns? Was würde ich fühlen, wenn ich keine Schuldgefühle hätte? Wo lauern die alltäglichen Gewissensfallen, und wie kann ich sie umgehen?

✳ Entwickeln wir den Mut, selbstbewusst unseren eigenen Familienweg zu gehen. Was steht nicht alles Schlaues in Erziehungsratgebern! Na und? Machen Sie es trotzdem ganz anders! Machen Sie es, wie *Sie* es passend finden!

✳ Machen wir Schluss mit der Vorstellung von der immer gebenden Power-Mami! Sind Sie manchmal erschöpft und ausgebrannt? Kein Wunder! Mutter zu sein ist ein anstrengender Job – nicht *obwohl*, sondern *weil* wir unsere Kinder lieben! Wir sind stets bereit, viel zu geben. Und wer viel geben will, braucht viel Energie. Wie können wir also unsere Kraftreserven auffüllen? Was bringt unsere Energiequellen zum Sprudeln? Was tut uns gut und macht uns Freude?

✳ Träumen Sie auch von Friede, Freude, Eierkuchen in der Familie? Und kriegen ein schlechtes Gewissen, wenn alles mal wieder ganz anders läuft?

Verabschieden wir uns vom unrealistischen Ideal vom immer harmonischen Familienleben. Schön, wenn Sie sich oft gut verstehen, im besten Fall wird bei Ihnen aber auch gelegentlich herzhaft gestritten. Seien Sie stolz, wenn Ihr Kind selbstbewusst seine Auffassungen vertritt, auch wenn Sie diese nicht teilen, und wenn es heftig um seine „Rechte" kämpft! Anstrengend mag das zwar sein. Viel belastender ist es aber, wenn Kinder sich nicht trauen, ihren Mund aufzumachen, weil sie Mutter und Vater schonen und vor Schuldgefühlen bewahren wollen.

✳ Am Ende mit dem Erziehungslatein? Das passiert wohl allen Eltern manchmal. Statt sich mit einem schlechten Gewissen für vermeintliches Versagen zu bestrafen, sollten wir uns an dieser Stelle Hilfe holen. Das ist nicht ehrenrührig und kein Zeichen des Scheiterns, sondern spricht für Verantwortungsbewusstsein und ernsthaftes Interesse am Wohlbefinden des Kindes und der Familie.

✳ Machen wir Schluss mit verkrusteten Vorstellungen! Wir müssen bereit sein, festgefahrene Ansichten von uns und unseren Kindern über Bord zu werfen. Wir können als Eltern nicht alles wissen, aber wir müssen willens sein, an uns selbst zu arbeiten und dazuzulernen.

Und wer schon sehr früh zu wissen glaubt, wie sich das „Erziehungsprodukt" Kind zu entwickeln hat, wird früher oder später vielleicht enttäuscht. Dann werden sie eben ganz anders, als wir uns das so gedacht hatten. Liebenswert sind sie trotzdem. Wie heißt es bei Erich Fried so schön? „Es ist, was es ist, sagt die Liebe."

✳ Üben wir uns in Gelassenheit: Genehmigen wir uns, auch als Mutter Fehler zu machen, gelegentlich höchst unpädagogisch und manchmal einfach nur blöd zu sein. Alle Eltern begehen erziehungstechnische Dummheiten, ohne dass ihre Kinder gleich dem psychischen Dauerelend anheimfallen. Schön, wenn man anschließend darüber lachen kann. Besser, als sich vor Scham zu verkrampfen. Und waren wir mal wirklich unfair: Stehen wir dazu! Entschuldigen wir uns und klären das Geschehene, statt uns von Schuldgefühlen in einen Strudel der Hilflosigkeit hineinziehen zu lassen.

✳ Trauen wir uns einfach, wir selber zu sein: Kinder lieben authentische Menschen und brauchen wahrhaftige Beziehungen. Wir müssen gar nicht immer perfekt, stark und super sein, wie uns so oft eingeredet wird. Wir müssen einfach nur so sein, wie wir wirklich sind. Wir sollten erkennen, dass wir liebenswert sind, auch wenn wir nichts Besonderes oder Außerordentliches leisten, und dass wir trotz zahlreicher Unzulänglichkeiten unseren Kindern die bestmöglichen Mütter sein können.

Kleine Übung für den Einstand

Sprechen Sie deutlich vernehmbar folgende Sätze:

* *Ich bin liebenswert.*
* *Ich bin eine fürsorgliche, verantwortungsbewusste Mutter.*
* *Und ich darf Fehler machen.*

Wie fühlt sich das an? Kommt Ihnen das merkwürdig vor? Oder gar albern? Geht es Ihnen schlecht über die Lippen, und schon gar nicht laut?

Dann sollten Sie es unbedingt üben! Sagen Sie sich doch überhaupt einfach öfter mal was Nettes. Gleich morgens nach den Zähneputzen oder abends vor dem Einschlafen. Ganz ohne schlechtes Gewissen.

2

Kleine Reise ins Psycho-Land:
Vom Guten und Schlechten des Gewissens

*„Es lebten genug Böse ohne Gewissen zu allen Zeiten;
und vielen Guten und Braven fehlt das Lustgefühl des
guten Gewissens."*   Friedrich Nietzsche

Ich, Über-Ich und all die anderen:
Über das Gewissen

Wir alle kennen diese innere Stimme, die sich lautstark zu
Wort meldet, wenn wir etwas Unschickliches tun, etwas, was
wir uns eigentlich nicht wirklich gestatten. Täglich diskutieren wir mit ihr, mehr oder weniger bewusst, und sei der Anlass auch noch so harmlos. Wir können uns ein Leben ohne
diese Instanz kaum vorstellen, die uns stets darüber auf dem
Laufenden hält, ob das, was wir gerade tun, tun wollen oder
bereits getan haben, akzeptabel oder verwerflich ist. Manchmal hindert sie uns daran, etwas Leichtsinniges zu tun, und
wir sind anschließend erleichtert, auf sie gehört zu haben.
Gelegentlich hält sie uns frei nach dem Motto „Das macht
man nicht" davon ab, etwas Neues auszuprobieren. Und oft
nutzt sie uns gar nichts, wenn wir wider besseres Wissens
dann doch genau das machen, was wir nicht machen wollten.

Wir alle haben ein Gewissen. Doch wie funktioniert es eigentlich? Wie entsteht es, und was nutzt es uns?

Schon immer sinnierten Gelehrte über diese Instanz, die
unsere Gedanken und unser Verhalten stets einer kritischen
Prüfung unterzieht. In der christlichen Tradition ist das Ge-

wissen eng an die Vorstellung von Gott und die geltenden religiösen Regeln gekoppelt. *Sünde* ist ein Vergehen gegen die Gebote Gottes, von der sich der Mensch durch Sühne, Buße oder Beichte wieder zu entlasten versucht.

Im Brockhaus von 1924 wird Gewissen definiert als „das logisch klare oder nur gefühlsmäßige Bewusstwerden des Wertes einer Absicht oder einer Tat in Hinsicht auf ein Sittengesetz. Das Gewissen mahnt entweder vor der Tat (mahnendes Gewissen) oder richtet nach dieser (richtendes Gewissen)."

Was hier etwas altmodisch als „mahnendes Gewissen" bezeichnet wird, nennen wir heute Gewissenskonflikt. Er entsteht, wenn ein Bedürfnis mit den eigenen Ansprüchen und Werten kollidiert. Die Gruppe „Fettes Brot" veranschaulicht einen klassischen Gewissenskonflikt in ihrem Song „Jein": Engelchen und Teufelchen streiten sich, ob „Mann" die Freundin des besten Freundes verführen soll:

> „Und so streiten sich die beiden um mein Gewissen.
> Und ob ihr's glaubt oder nicht, mir geht es echt beschissen.
> Und während sich die beiden anschreien,
> entscheide ich mich für Ja, Nein, ich mein' Jein!
> Soll ich's wirklich machen oder lass ich's lieber sein?"

In Sigmund Freuds Terminologie könnte man diesen inneren Dialog als Streit zwischen dem „Über-Ich" und dem „Es" bezeichnen, der das „Ich" in akute Verhaltensnot bringt. Der Begründer der Psychoanalyse definierte das Gewissen als „Über-Ich", das die moralischen Werte der Persönlichkeit und das „Ich-Ideal" repräsentiert. Das „Über-Ich" kontrolliert die Triebwünsche, das sogenannte „Es". Das „Ich", der bewusste Teil der Persönlichkeit, versucht schließlich ein Gleichgewicht zwischen beiden Kräften herzustellen. In unserem Beispiel ist das ein offenbar schwieriges Unterfangen: Teufelchen verkörpert das „Es", das Lust auf Sex hat, das Engelchen plädiert als „Über-Ich" für freundschaftliche Loyalität, und das „Ich" hängt ziemlich ratlos dazwischen.

Erich Fromm bezeichnet in seinen Schriften über *Psycho-analyse und Ethik* das Freud'sche „Über-Ich" auch als „autoritäres Gewissen". Es entsteht, indem wir von außen gesetzte Regeln und Normen verinnerlichen: „Bei der Bildung des Gewissens werden ... Autoritäten wie Eltern, Kirche, Staat, öffentliche Meinung bewusst oder unbewusst als ethische und moralische Gesetzgeber angesehen, deren Gesetze und Sanktionen man annimmt und sie damit internalisiert. So werden die Gesetze und Sanktionen der äußeren Autorität zu einem Teil des Menschen selbst."

Folgerichtig fühlt man sich nicht mehr verantwortlich gegenüber etwas, das *außerhalb* liegt, sondern gegenüber etwas, das in einem selbst ist: seinem Gewissen. Da man vor dieser „nach innen verlegten Autorität" nicht flüchten kann, ist für Fromm das Gewissen ein „wirksamerer Regulator des Verhaltens als alle Furcht vor äußeren Autoritäten". So werden wir zu unseren eigenen Verhaltenskontrolleuren und meistens auch zu unseren kritischsten Richtern.

Dank unseres Gewissens wissen wir also recht genau, was wir tun oder nicht tun sollten, welches Verhalten gesellschaftlich geduldet wird, welches weniger. Das Gewissen wird so zu einem Navigator, der uns den schmalen Weg weist, den wir innerhalb der Wertegemeinschaft, in der wir leben, gehen können, ohne allzu heftig anzuecken.

Was sich in unserem Gewissen einnistet, ist abhängig von den jeweils herrschenden Sitten und Konventionen, von Moral und Religion in der Kultur und Gesellschaft, in der wir leben. Auch die soziale Schicht und besonders unsere Herkunftsfamilie spielen bei der Bildung unseres Gewissens eine bedeutsame Rolle. Laut Fromm verinnerlichen wir Normen, Werte und Regeln nicht, weil wir sie unbedingt sinnvoll finden, sondern einfach deshalb, weil es Vorschriften sind, die von einer Autorität für gültig und verbindlich erklärt wurden. Das Gewissen gestattet infolgedessen leider nicht nur Haltungen und Taten, die man als ethisch oder moralisch wertvoll bezeichnen würde: Es ist durch Ideologien manipulierbar und von den jeweils herrschenden Mächten missbrauchbar. Beispiele hierfür gibt es leider genug: mittelalterliche Inquisitoren etwa, die sich für gewissenhaft hielten, während sie die armseligsten Kreaturen auf dem Scheiterhaufen verbrannten; oder Hitlers Folterknechte, die offensichtlich ohne jegliche Gewissensbisse die grausamsten Gräueltaten begingen, die man sich überhaupt vorstellen kann. Auch der Psychologe Rudolf Dreikurs kommt zu dem ernüchternden Schluss, „dass die Entwicklung des Gewissens allein wenig Gewähr für soziales Verhalten bietet".

Umgekehrt kann durchaus etwas Konstruktives entstehen, wenn Menschen ihrem Gewissen folgen und dabei gegen geltende Gesetze verstoßen. Mancher einst unliebsame Rebell der Geschichte ist so später zum Helden oder Märtyrer erklärt worden. Unser Gewissen ist also auch nur so „gut" oder „schlecht", so hilfreich oder destruktiv, wie die Werte, die wir darin abgespeichert und für gültig erklärt haben. Deshalb macht uns ein Gewissen allein nicht zwangsläufig zu moralisch integren und ethisch wertvoll handelnden Menschen.

Das Gewissen als Barometer unserer Befindlichkeit

Erich Fromm stellt dem autoritären Gewissen den Begriff des „humanitären" Gewissens zur Seite. Er meint damit „die eigene Stimme, die in jedem Menschen gegenwärtig ist und die von keinen äußeren Strafen und Belohnungen abhängt". Das humanitäre Gewissen ist ein Barometer dafür, wie wir als Mensch „funktionieren" und wie es um unser seelisches

Gleichgewicht und unsere Integrität bestellt ist: „Gewissen ist (wie die Wortwurzel con-scientia anzeigt) die *Kenntnis über uns selbst*, die Kenntnis über den Erfolg oder über das Versagen in der Kunst des Lebens."

Wer sein Gewissen als Indikator seiner Befindlichkeit kennenlernen will, sollte in sich hineinlauschen: „Wir müssen, um die Stimme unseres Gewissens zu hören, auf uns selbst hören können, und das bereitet den meisten Menschen in unserer Kultur Schwierigkeiten. Wir hören auf jede Stimme und auf jeden, wer er auch sein mag, nur nicht auf uns selbst. Wir sind in jedem Augenblick dem Getöse der Meinungen und Gedanken ausgeliefert, die aus allen Ecken auf uns einhämmern: Filme, Zeitungen, Radio, müßiges Geschwätz. Wenn wir uns absichtlich daran hindern wollten, jemals auf uns selbst zu hören, so könnten wir kaum wirksamer vorgehen."

In diesem Sinne: Fernseher abstellen, Erziehungsratgeber beiseitelegen, sich auf sich selbst besinnen! Ganz gleich, wie wir das Gewissen definieren: Machen wir uns auf den Weg, es zu erforschen.

✳ Welche Werte haben wir verinnerlicht? Wessen Werte, Grundsätze, Normen waren das ursprünglich?

✳ Wie haben sich mir diese Werte vermittelt?

✳ Welche davon sind mir wichtig und hilfreich, welche eher hinderlich?

✳ Wie weit fühlen wir uns Konventionen und Rollenmustern gegenüber verpflichtet?

✳ Und was fürchten wir könnte passieren, wenn wir gegen sie verstoßen?

* Welche „Autoritäten" sind heute überhaupt gültig? Wen erkennen wir als Werte-Geber an? Pädagogen, Medien, Politiker, die Kirche?

* Wer ist mein Vorbild?

Fangen wir an, uns mit uns selbst zu beschäftigen. Vielleicht entdecken wir dabei so manchen verstaubten Wert aus Omis Zeiten in einem Winkel unseres Gewissens, der so gar nicht mehr in unser Weltbild passt. Nur wenn wir uns auf das konzentrieren, was uns selber wichtig ist, können wir – so Fromm – schließlich das werden, „was wir unseren Möglichkeiten nach sind".

Schuldgefühle:
Wie ein schlechtes Gewissen entsteht

Verstoßen wir gegen verinnerlichte Werte und Normen, rebelliert unser Gewissen deutlich vernehmbar in Form von Gewissensbissen und Schuldgefühlen.

Was aber sind Schuldgefühle und wie entstehen sie? Verdeutlichen wir uns das anhand eines Beispiels: Nehmen wir an, wir haben vergessen, unsere Schwiegermutter anzurufen, obwohl wir das eigentlich versprochen hatten. Fällt uns diese Panne siedend heiß ein, macht sich blitzschnell dieses bohrende Gefühl breit. Das schlechte Gewissen ist da. Doch woher kommt es so plötzlich? Betrachten wir das Geschehene in unserer Psyche einmal in Zeitlupe:

Zunächst registrieren wir, dass wir etwas nicht wie verabredet erledigt haben. Da wir es für *gut* halten, etwas Versprochenes auch zu halten *(Anspruch an sich selbst: „Ich möchte mein Versprechen halten")*, finden wir unser Verhalten *nicht akzeptabel (Negativ-Bewertung)*. Hinzu kommt die Vorstellung, auch die Erwartung einer anderer Person enttäuscht zu haben, in diesem Fall die der Schwiegermutter. In gewissem Maße haben wir ihr Leid zugefügt, vielleicht ist sie gekränkt oder traurig. Das wollten wir eigentlich nicht. Vielleicht fürchten wir auch noch, andere damit zu erzürnen, den eigenen Partner etwa oder den Schwiegervater. *(Anspruch an sich selbst: „Ich möchte meine Schwiegermutter nicht enttäuschen / kränken / traurig machen." Negativ-Bewertung: „Ich habe jemanden enttäuscht / gekränkt / traurig gemacht. Das ist schlecht von mir.")*

Eigentlich könnte man jetzt rasch zum Telefonhörer greifen und dem Ganzen ein Ende bereiten. Vielleicht um Entschuldigung bitten. Das Gewissen wäre beruhigt, alle anderen wären das im besten Falle auch.

Fange ich nun aber stattdessen an, mich dafür fertigzumachen, dass mir diese Peinlichkeit unterlaufen konnte, dann entstehen Schuldgefühle. Wer sich jetzt mit Selbstvorwürfen traktiert *(Abwertung meiner Persönlichkeit: „Was bin ich doch für eine schlechte Schwiegertochter")*, katapultiert sich schnell ins düstere Kellergewölbe des schlechten Gewissens. Die Vorstellung, möglicherweise noch mit Vorwürfen der anderen Seite überhäuft zu werden („Wolltest du nicht schon gestern anrufen?"), potenziert das Problem, ist aber nicht dessen Ursache! In diesem Zustand der Selbstbeschuldigung fällt es uns nun umso schwerer, die Schwiegermutter anzurufen, vermutlich schieben wir den noch ausstehenden Anruf nun vor uns her oder unterlassen ihn schließlich ganz.

Schuldgefühle entstehen also nicht zwangsläufig, wenn ich etwas meiner Meinung nach Schlimmes getan, eine Aufgabe nicht gut genug erledigt oder jemanden gekränkt habe. Schuldgefühle entstehen erst, wenn ich mich wegen dieses tatsächlichen oder vermeintlichen „Versagens" verurteile.

Schuldgefühle sind also keine unmittelbaren Gefühle wie Freude oder Traurigkeit, die über uns hereinbrechen und denen wir nichts entgegensetzen können. Vielmehr fühlen wir uns so schlecht, weil wir zu dem schmerzlichen Schluss gekommen sind, nicht besonders viel zu taugen. Wenn wir uns über diese Abläufe in unserer Psyche klar werden, können wir den Kreislauf von Schuldgefühlen und Selbstabwertung unterbrechen.

Von Ziehen in der Magengegend bis zur chronischen Schmerzsymptomatik: Wie sich Schuldgefühle bemerkbar machen

Wer gelegentlich kleinere Gewissensbisse hat, fühlt sich vielleicht einfach manchmal unwohl. Manche Menschen beschreiben ein Ziehen im Magen oder ein Druckgefühl in der Herzgegend als körperlichen Ausdruck ihres schlechten Gewissens, andere werden unruhig oder nervös.

Wesentlich unangenehmer wird es, wenn massive Schuldgefühle entstehen. Schuldgefühle haben die Tendenz, sich zu verstecken und sich dem direkten Zugriff unseres Bewusstseins zu entziehen. Viele Menschen wissen gar nicht, dass ihr diffuses Unwohlsein, eine latente Unzufriedenheit oder ein negatives Weltbild ein Ausdruck von unterdrückten Schuldgefühlen sein könnte. So verbergen sich Schuldgefühle z. B. manchmal hinter exzessiven Gefühlsausbrüchen wie Zorn und maßloser Empörung. Die Psychologin Angelika Glöckner schildert dies in ihrem Buch *Frei von falschen Schuldgefühlen* am Beispiel einer Klientin, die sich extrem über Frauen echauffieren konnte, die eine Schwangerschaft abbrechen ließen. Dieser Zorn kaschierte ihre eigenen Schuldgefühle, da auch sie vor ein paar Jahren einen Schwangerschaftsabbruch hinter sich gebracht, diesen aber nie verarbeitet hatte. Ihre Wut auf andere Frauen ebbte ab, sobald sie den Verlust ihres eigenen Kindes betrauern und allmählich Verständnis für sich und ihre damalige Entscheidung aufbringen konnte.

Menschen, die unter einer massiven Schuldproblematik leiden, können regelrecht krank werden: „Schuldgefühle verursachen häufig körperliche und psychische Leiden", weiß die Psychotherapeutin Burgel Geier aus ihrer langjährigen therapeutischen Praxis: „Menschen mit einer chronischen Schmerzproblematik haben oft mit dem Thema Schuld zu tun. Wenn jemand viel Schuld auf sich lädt, kann es zu starken Rückenschmerzen, Schulterverspannungen, Halswirbelsäulensyndrom, Kopfschmerzen und Wirbelsäulenerkrankungen kommen." Auch Aggressionen, Autoaggressionen und Depressionen können Ausdruck massiver Schuldgefühle sein.

Wer Schuldgefühle hat, muss keine Schuld haben

Schuldgefühle zu haben, heißt nicht zwangsläufig, tatsächlich Schuld zu haben. Schuldgefühle entstehen häufig aus der bloßen Befürchtung heraus, jemandem Kummer, Schmerzen oder anderes Leid zu bereiten oder dies bereits getan zu haben.

„Schuld" ist ein schwieriger und relativer Begriff mit belastendem moralischem Beigeschmack: Umgangssprachlich kann ich sowohl „schuld" daran sein, dass eine Primel eingeht, als auch daran, dass ein Mensch stirbt. Jeder wird mir beipflichten, dass ich bei Ersterem keine wirkliche Schuld auf mich lade, bei Letzterem schon, wenn es sich um Mord, Totschlag oder unterlassene Hilfeleistung handelt. Schuld wird größer, wenn ich jemanden mit Absicht quäle, und sie erscheint uns etwas geringfügiger, wenn eine bösartige Intention fehlt.

Andererseits sind wir nicht „schuld" an den Reaktionen anderer erwachsener Menschen: Schmeckt meinem Mann das Essen nicht, das ich gekocht habe, kann das an meinen mangelnden Kochkünsten oder seinem schlechten Geschmack liegen. Bekommt er deshalb einen Wutausbruch und wirft den Teller samt Suppe an die Wand, ist das ganz allein seine Entscheidung. Weder die Suppe noch die Köchin sind verantwortlich dafür, dass die Essensreste nun an der Tapete kleben.[2]

Schuldgefühle können uns in den unterschiedlichsten Situationen überkommen und tauchen nicht immer nur dann auf, wenn wir das für gerechtfertigt halten. Viele Menschen leiden unter Schuldgefühlen, ohne jemals Schäden angerichtet zu haben – Eltern schwer kranker Kinder zum Beispiel, die sich die Frage stellen, ob Sie irgendetwas falsch gemacht und das Leiden des Kindes womöglich mit verursacht haben.

Dass Schuldgefühle sich nicht dort einstellen, wo wir sie vermuten würden, zeigt auch das folgende Beispiel:

Ein Jugendlicher, der wegen eines Raubüberfalls im Gefängnis sitzt, wurde von einem Reporter gefragt, ob er ein schlechtes Gewissen habe. Die verblüffende Antwort des Verurteilten: Er wisse, dass er Mist gebaut habe, er bereue seine Tat und finde es in Ordnung, dafür bestraft zu werden, aber ein schlechtes Gewissen habe er nicht.

Seine Eltern hingegen, ebenfalls von dem Reporter befragt, quälten sich durchaus mit Schuldgefühlen herum, suchten händeringend nach Erklärungen und eventuellen Fehlern, die sie in der Erziehung gemacht haben könn-

---

[2] Etwas anders verhält es sich allerdings mit Kindern, die erst noch lernen müssen, Verantwortung für ihr Verhalten zu übernehmen. Je nach Alter, Reife und Entwicklungsstand wird man auf ein solch ungestümes Verhalten unterschiedlich reagieren müssen. „Schuld" sind Suppe und Suppenköchin trotzdem nicht. Das Kind hat einfach noch nicht gelernt, mit seinem Frust angemessen umzugehen.

ten. *Sie wussten zwar nicht, was genau schiefgelaufen war, fühlten sich aber irgendwie mitschuldig. Von Nachbarn und Bekannten wurden sie zudem gemieden und litten so unter dem Gefühl, für die Tat ihres Sohnes „mitbestraft" zu werden.*

Purer Selbstschutz: Die Schuldgefühle der Opfer

Groteskerweise leiden besonders häufig Opfer von Verbrechen unter Schuldgefühlen: Missbrauchte und misshandelte Kinder suchen schamerfüllt die Ursache für das, was ihnen angetan wurde, bei sich. Die Psychologin und Psychotherapeutin Burgel Geier, die seit vielen Jahren mit traumatisierten Frauen arbeitet, erklärt dieses absurd scheinende Phänomen folgendermaßen: „Kinder sind von den Erwachsenen abhängig. Wenn das Kind erkennen würde, dass diese wirklich böse, lieblos und gewalttätig, also schuldig sind, würde es für ein Kind noch bedrohlicher, als es sowieso schon ist. Sich von bösen Menschen abhängig zu fühlen, ist härter, als sich selbst böse zu fühlen. Wenn ich selber schuld bin, hat das Geschehen aber irgendetwas mit mir zu tun. Die dahinter liegende Hoffnung lautet: ‚Wenn ich erkenne, was das ist, kann ich Einfluss darauf nehmen.' Es besteht dann die Chance, dass die ältere Person doch nicht so schlimm ist, wie sie erlebt wird, und das Kind vielleicht doch lieben würde, wenn es ihm nur gelänge, lieb zu sein."

Die Bereitschaft des traumatisierten Opfers, die Schuld für das Geschehene auf sich zu nehmen, ist also blanke Überlebensstrategie. „Eine der schlimmsten Erfahrungen für Menschen ist es, hilflos ausgeliefert zu sein. Um dieses Gefühl abzumildern, übernehmen sie lieber die Schuld für das Geschehen", sagt Burgel Geier. So gesehen können Schuldgefühle hilfreiche Begleiter sein, zumindest für die Zeit, in denen das Kind noch von seinen Peinigern abhängig ist.

Wer als Kind Gewalt und Missbrauch erlebt hat, ist als Erwachsener meistens in der Lage, seine Traumatisierung z. B. in einer Therapie zu bearbeiten. Dort kann er feststellen, dass er damals dem Täter tatsächlich hilflos ausgeliefert war. „Dies gilt es zu akzeptieren und auszuhalten. Das ist ein schmerzhafter und angstbesetzter Schritt", weiß die Therapeutin Geier. Erst wenn der Betroffene diesen gegangen ist, kann er erkennen, dass er keine Verantwortung für die Tat trägt, und dann auch seine Schuldgefühle schließlich hinter sich lassen.

Haben „schlechte" Eltern kein schlechtes Gewissen?

Umgekehrt gibt es Menschen, die von keinerlei Schuldgefühlen gepeinigt werden, obwohl sie auf dramatische Weise Schuld auf sich geladen haben. Eltern, die ihr Kind vernachlässigen, sind zweifellos an dessen schlechtem physischem und psychischem Zustand „schuld" und haben diesen zu verantworten.

Tragischerweise wissen gerade vernachlässigende Eltern oft gar nicht, was sie „falsch" gemacht haben, und entwickeln infolgedessen gar kein Unrechtsbewusstsein.

Der Psychotherapeut Klaus Machlitt, der seit vielen Jahren im Hamburger Kinderschutzzentrum therapeutisch mit gewaltbelasteten Familien und vernachlässigenden Eltern arbeitet, erklärt dies folgendermaßen: „Eltern, die ihre Kinder vernachlässigen, haben in ihrer eigenen Kindheit meist wenig gute Beziehungserfahrungen gemacht. Sie sind deshalb kaum in der Lage, sich in ihr Kind hineinzuversetzen. Sie haben kein sicheres Gespür dafür, was die Bedürfnisse ihrer Kinder sind, und können die Signale ihres Kindes nicht richtig verstehen. Dies kann schon im frühen Kindesalter beginnen: Die Eltern können nicht unterscheiden, ob ein Kind schreit, weil es Hunger, eine volle Windel oder Schmerzen hat. Entsprechend sind sie nicht in der Lage, ihrem Kind das zu geben, was es braucht." Eltern, die ihre Kinder vernachlässigen, haben paradoxerweise in aller Regel das Gefühl, sich gut um ihr Kind zu kümmern, und entwickeln so auch keine Schuldgefühle oder Reue. „Denn dies", so Machlitt, „würde ein Bewusstsein dafür voraussetzen, dass ihr Verhalten ihrem Kind Schaden zufügt. Dieses Bewusstsein ist bei vernachlässigenden Eltern nicht vorhanden."

Anders verhält es sich bei Eltern, die ihre Kinder schlagen oder auf andere Weise misshandeln: „Oft wissen sie, dass sie ihren Kindern Schaden zufügen, und können sich gleichzeitig nicht anders verhalten", weiß Klaus Machlitt aus seiner täglichen Praxis. „Dies kann damit zusammenhängen, dass sie in ihrer Kindheit selber Gewalt erfahren oder nicht gelernt haben, Konflikte ohne Gewalt zu lösen." Da misshandelnde Eltern in der Regel sehr wohl wissen, dass sie ihrem Kind Schlimmes antun, entwickeln sie häufig Schuldgefühle und schämen sich für ihr Verhalten. Leider sind es genau jene Schuldgefühle, die es den betroffenen Eltern so schwer machen, sich an eine Fachberatungsstelle zu wenden, deren Hilfe sie so dringend bräuchten.

Warum uns ein schlechtes Gewissen allein nicht besser macht

Vielleicht haben Sie das ja auch schon einmal erlebt: Irgendetwas hat man gründlich vermasselt und fühlt sich anschließend richtig mies. „Das hätte mir nicht passieren dürfen", werfen wir uns vor, und zu unserem Gegenüber sagen wir: „Mensch, jetzt hab' ich ein schlechtes Gewissen."

Wir signalisieren damit, dass wir unser Verhalten nicht in Ordnung finden und uns dafür verurteilen. Vielleicht meinen wir damit auch auszudrücken, dass es uns ganz furchtbar leidtut. (Allerdings sagen wir das damit aber nicht.)

Welche Antwort erwarten wir? Erwarten wir, dass unser Chef, die Freundin oder unser Kind sagt, dass das ja nun aber auch das Mindeste sei und völlig gerechtfertigt? Oder hoffen wir nicht doch insgeheim, dass jemand unser Verhalten im wahrsten Sinne des Wortes „ent-*schuld*-igt", uns die Last der Schuld von den Schultern nimmt und uns beruhigt, unser „Vergehen" sei doch gar nicht so schlimm? Wollen wir also Absolution, wenn wir unser schlechtes Gewissen so präsentieren? Wahrscheinlich. Wir meinen, dass dieses unangenehme Gefühl verschwindet, wenn jemand uns glaubhaft versichert, unser „Fehler" sei keiner Rede wert.

Aber wie kommen wir eigentlich auf die Idee, dass uns jemand etwas nachsehen sollte, nur weil wir auf unser schlechtes Gewissen verweisen?

Die Vorstellung, dass das Wissen um unsere Unvollkommenheit und das damit verbundene Schuldgefühl uns zu besonders guten Menschen macht, ist offensichtlich das Relikt unserer christlichen Tradition. Erich Fromm beschreibt diese paradoxe Moral folgendermaßen: „Sich der eigenen Ohnmacht bewusst zu sein, sich zu verachten, das Gefühl der eigenen Sündhaftigkeit und Schlechtigkeit auf sich lasten zu fühlen, sind Zeichen der Tugend. Um tugendhaft zu sein, muss man daher ein schlechtes Gewissen haben."

Noch heute scheinen diese Mechanismen in uns zu wirken, und wir tun viel, um andere Menschen davon zu überzeugen, wie „tugendhaft" und pflichtbewusst wir sind. Oft versuchen wir uns für (vermeintliches) Fehlverhalten zu rechtfertigen oder suchen nach plausibel klingenden Ausreden, was beides zur eigenen emotionalen Entlastung beitragen soll, den Sachverhalt an sich aber nicht verändert. Rückgängig können wir unseren „Fehltritt" ja nicht machen.

Warum stehen wir also nicht einfach zu unserem Fauxpas und sagen selbstbewusst: „Es tut mir leid!"? Warum fällt es uns so schwer, zuzugeben, dass unser Verhalten unüberlegt oder unangemessen war, ohne uns mit überflüssigen Schuldgefühlen zu belasten?

Verantwortungsbewusst zu seinem Verhalten zu stehen, etwas aufrichtig zu bereuen und die notwendigen Konsequenzen daraus zu ziehen, fällt uns manchmal schwer. Schuldgefühle sind dabei eher hinderlich als nützlich. Der Psychologe Rudolf Dreikurs beschreibt das folgendermaßen: „Soweit wir beurteilen können, drücken Schuldgefühle gute Absichten aus, die man nicht hat. Sie eignen sich sehr zur Beruhigung des schlechten Gewissens, weniger aber zur Annahme der Verantwortlichkeit für das, was man tut. Während der durch sein Schuldgefühl Gepeinigte seine Anständigkeit auf diese Weise zu beweisen scheint, verdeckt er damit aber nur seine Absicht und weitere Unwilligkeit, das zu tun, was er tun sollte." Friedrich Nietzsche bezeichnete Schuldgefühle deshalb schlichtweg als „unanständig".

Kurz und kompakt:
Das Wichtigste zusammengefasst

- Schuldgefühle sind keine unmittelbaren Gefühle, sondern das fühlbare Resultat einer Abwertung unserer Person durch uns selbst.

- Wir machen uns unsere Schuldgefühle selbst. Niemand kann uns ein schlechtes Gewissen einreden, wenn wir dies nicht zulassen und seine Vorwürfe nicht unsere wunden Punkte treffen.

- Ein schlechtes Gewissen hat immer etwas mit den Ansprüchen zu tun, die ich an mich selber stelle. Schuldgefühle entwickeln zu können setzt ein Bewusstsein darüber voraus, dass ich mich nicht so verhalten habe, wie ich mich meiner Ansicht nach hätte verhalten sollen.

- Schuldgefühle zu haben bedeutet nicht zwangläufig, auch tatsächlich Schuld zu haben. Und umgekehrt leidet nicht jeder, der Schuld trägt, unter Schuldgefühlen.

- Ein schlechtes Gewissen zu haben, macht uns nicht zwangsläufig zu besseren Menschen.

- Ein gutes oder schlechtes Gewissen sagt weder über den Charakter einer Person noch über die Qualität ihres Handelns etwas aus.

Der Teufelskreis der Selbstsabotage: Wie das schlechte Gewissen unsere Lebensfreude unterwandert

Es ist wohl ziemlich normal, ab und zu kleinere Gewissensbisse zu haben. Wer grundsätzlich mit sich im Reinen ist, wird aber nicht ständig unter Schuldgefühlen leiden: Er kann sich kleinere Ausrutscher erlauben, ohne sich dafür herabwürdigen zu müssen. Manche Menschen können sehr pragmatisch mit der Tatsache umgehen, dass sie Fehler machen, und halten sich trotzdem für liebenswert und integer.

Ständig mit einem schlechten Gewissen herumzulaufen, ist keine angeborene Krankheit oder ein allgemeingültiges, nie mehr revidierbares Lebensgefühl, dem wir hilflos ausgeliefert sind. Vielmehr ist die Neigung zu Schuldgefühlen eine Haltung sich selbst gegenüber, die wir uns im Laufe des Lebens angewöhnt haben und die wir uns auch wieder abgewöhnen können, auch wenn das nicht von heute auf morgen geht, viel Geduld erfordert und Rückschläge nicht ausgeschlossen sind.

Doch es gibt viele gute Gründe, das schlechte Gewissen abzuschaffen:

▶ *Schuldgefühle untergraben das Selbstwertgefühl*

Schuldgefühle beziehen sich nicht nur auf ein spezielles Verhalten, sondern werten die ganze Person ab. Wer sich so abwertet, ramponiert damit dauerhaft sein Selbstwertgefühl.

▶ *Schuldgefühle führen zur Selbstbestrafung*

Menschen, die häufig unter Schuldgefühlen leiden, neigen dazu, sich selbst zu bestrafen. Weil wir meinen, unwürdig oder schlecht zu sein, steht es uns auch nicht zu, uns wohl-zufühlen oder gar glücklich zu sein. Darum neigen schuld-geplagte Menschen auch dazu, erlebtes Glück nachträglich wieder kleinzureden. Von solchen Menschen hört man selten den aufrichtig gemeinten Satz „Mir geht es gut", weil nicht sein kann, was nicht sein darf.

▶ *Schuldgefühle blockieren unsere echten Gefühle*

Hinter einem schlechten Gewissen verstecken sich oft an-dere, manchmal unangenehme Gefühle wie Hilflosigkeit, Trauer oder Schmerz. Erst wenn wir die Gefühle hinter den Schuldgefühlen wahrnehmen, können wir erkennen, wo wir Wunden haben, die noch nicht verheilt sind, wie unsere see-lische Disposition beschaffen ist und woran wir arbeiten könnten, um uns weiterzuentwickeln.

▶ *Schuldgefühle führen zu neuen Schuldgefühlen*

Wer oft unter Schuldgefühlen leidet, wird alles, was sich irgendwie dazu eignet, nutzen, um seine Schuldgefühle zu bestätigen. Übt jemand Kritik an unserem Verhalten, buchen wir diese ungeprüft auf das eigene Minus-Konto. Oder wir wehren sie heftig ab, ohne genau hinzuhören. Eine ernst-hafte Auseinandersetzung mit dem anderen und dessen An-liegen wird dadurch aber unmöglich. Er wird sich nicht ver-standen fühlen, was wiederum zu Unzufriedenheit führen und in Kritik münden kann usw. Ein Teufelskreis!

▶ Schuldgefühle verhindern Veränderung und Wachstum

Wer sich dauerhaft unfair verhält, z. B. wiederholt seine Frau oder seine Kinder schlägt, und dann immer wieder über Schuldgefühle jammert und Besserung gelobt, bringt so zum Ausdruck, dass er das Schlechte seiner Taten erkennt und dass er weiß, was er stattdessen zu tun hätte. Leider tut er es aber oft nicht. Schuldgefühle können so unheilvolle Dynamiken stabilisieren. Schuldgefühle machen gemachte „Fehler" nicht rückgängig und halten uns auch nicht davon ab, dieselben (oder andere) Fehler wieder zu begehen. Um an unseligen Situationen, in denen man selber und auch andere leiden, etwas zu ändern, braucht es mehr als ein schlechtes Gewissen: nämlich den Mut, hinter den Schuldgefühlen nach den tiefer liegenden Problemen zu suchen.

▶ Schuldgefühle machen überverantwortlich

Menschen mit Schuldgefühlen neigen dazu, vermeintliche Schuld dadurch zu tilgen, dass sie sich für alles und jeden verantwortlich und zuständig fühlen. Sie laden sich unendlich viele Aufgaben auf, können schlecht „Nein" sagen, wenn jemand sie um Hilfe bittet, und gehen über die Grenzen ihrer Belastbarkeit ständig hinaus.

▶ Schuldgefühle belasten unsere (Familien-)Beziehungen

„Du bist schuld daran, dass es mir schlecht geht!" In Beziehungen werden direkte oder indirekte Beschuldigungen oft eingesetzt, um eigene Ziele durchzusetzen. Menschen, die zu Schuldgefühlen neigen, werden so emotional erpressbar. Die Vorstellung, am Leiden anderer schuld zu sein, stürzt Selbstzweifler in ein Dilemma: Erfüllen wir die Erwartungen des anderen, so haben wir das Gefühl, dazu genötigt worden zu sein. Wir machen es unter Druck, nicht freiwillig. Schlagen wir dem Partner die Wünsche ab, bekommen wir Schuldgefühle. Beides fühlt sich schlecht an.

Andererseits können auch Schuldgefühle zu den eigenen Zwecken instrumentalisiert werden: „Du machst mir
Schuldgefühle" ist eine geschickte Möglichkeit, andere schon
im Vorfeld mundtot zu machen und so deren Ansichten gar
nicht erst anhören zu müssen.

▶ Schuldgefühle verhindern Empathie

Schuldgefühle machen es schwierig, auf nahestehende Menschen mitfühlend einzugehen, weil wir uns ja oft an ihrem
Kummer (mit)schuldig fühlen. Weil wir das kaum ertragen
können, versuchen wir ihre Probleme klein- oder wegzure-
den oder erst gar nicht wahrzunehmen. Oder wir brechen
gleich unter der Last der Schuldgefühle zusammen, taugen
dann aber als Ansprechpartner auch nicht mehr viel. Besonders für Kinder, die ein authentisches Gegenüber brauchen, kann dies fatale Folgen haben.

▶ Schuldgefühle sind Schutzschilder

Schuldgefühle werden oft präventiv eingesetzt: Wenn ich
selbst schon ein schlechtes Gewissen habe, kann mich die
Kritik des anderen nicht verletzen. Das glaube ich zumindest. In Wirklichkeit bin ich für die Kritik des anderen nicht
offen und will seine Sicht der Dinge lieber nicht kennenlernen. Schuldgefühle panzern uns wie Schutzschilder, verhindern aber auch Nähe und Kontakt.

▶ Schuldgefühle erschweren ein selbstbestimmtes Leben

Schuldgefühle schränken uns ein und minimieren unsere
Möglichkeiten. Da wir stets bestrebt sind, Schuldgefühle zu
vermeiden, riskieren wir wenig und basteln auch nicht nachhaltig an der Realisation unserer Lebensträume. Leben wir
vielleicht nach Maßstäben, die wir von anderen übernommen haben? Versuche ich immer noch, meinen Eltern zu gefallen? Unternehme ich viel, um die Erwartungen meines

Partners zu erfüllen? Will ich meinen Kindern dauernd beweisen, was für eine tolle Mutter ich bin? Das alles macht uns abhängig und unfrei.

Wichtige Fragen wären: Was ist *mir* eigentlich wichtig? Was sind *meine* Ziele im Leben? Was kann ich dafür tun, sie zu verwirklichen? Erlaube ich mir überhaupt, etwas für mich alleine zu beanspruchen?

▷ Schuldgefühle verhindern Versöhnung

Schuldgefühle nach Streitereien, Trennungen und eskalierten Konfliktsituationen verhindern ein ehrliches und offenes Aufeinanderzugehen. Wir sollten lieber überlegen: Wofür sind wir wirklich verantwortlich, und wofür sind wir nicht zuständig? Haben wir offene Rechnungen? Wem sind wir wirklich etwas schuldig geblieben, und wollen wir das wieder gutmachen? Bei wem sollten wir uns womöglich entschuldigen? Versöhnung wird erst möglich, wenn wir Schuldgefühle überwunden und ein angemessenes Schuldbewusstsein und einen realistischen Blick auf das Geschehene entwickelt haben. Dann können wir unser Verhalten verstehen und uns selber und – wenn nötig – auch anderen verzeihen.

▷ Schuldgefühle sind Energiefresser

Da sich Schuldgefühle wie eine schwere Last anfühlen, versuchen wir uns möglichst rasch von ihnen zu befreien. Schuldgefühle zu vermeiden, zu verdrängen und gegen sie anzuarbeiten, ist eine anstrengende Arbeit. Diese Kraft könnten wir eigentlich besser in unserem anspruchsvollen Familienalltag oder für die schönen Dinge des Lebens gebrauchen.

▷ Schuldgefühle machen manipulierbar

Wer zu Schuldgefühlen neigt, tut Dinge, die er eigentlich nicht tun möchte. So machen uns Schuldgefühle manchmal auch unaufrichtig. Statt zu sagen „Ich möchte das nicht machen" tun wir es doch, fühlen uns aber schlecht dabei. Besonders Frauen sagen oft „Ja", obwohl sie eigentlich lieber „Nein" sagen würden. Solche Menschen kann man wunderbar zu seinen eigenen Zwecken ausnutzen. Das spüren natürlich auch Kinder!

▶ *Schuldgefühle provozieren Schuldzuweisungen*
Weil Menschen, die schnell Schuldgefühle entwickeln, diese schon im Vorfeld abzuwehren versuchen, sind sie auch oft geneigt, die „Schuld" bei anderen zu suchen. Das in Beziehungen und Familien so beliebte Schwarze-Peter-Spiel trägt aber nicht zur Problemklärung bei, sondern vertieft die Kluft zwischen streitenden Parteien und verhärtet unterschiedliche Positionen. Schuldgefühle und Schuldzuweisungen sind zwei Seiten einer Medaille.

Schuldgefühle auflösen und Handlungsfreiräume gewinnen

Erst wenn wir überflüssige Schuldgefühle aufgelöst haben, können wir auch für tatsächliche Fehler oder Ungerechtigkeiten ein Schuldbewusstsein entwickeln und aufrichtige Reue empfinden. Wir sollten herausfinden, ob wir tatsächlich „schuldig" geworden sind oder eigentlich nur *befürchten*, es zu sein oder zu werden. Dann gewinnen wir neue Handlungsspielräume. Der Gestalttherapeut Victor Chu drückt das so aus: „Uns unserer tatsächlichen Schuld bewusst zu werden bewirkt also das Gegenteil dessen, was Schuldgefühle in uns erzeugen. *Schuldgefühle* machen uns unterwürfig, flüchtig und rachsüchtig, während *Schuldbewusstsein* uns aufrechter, demütiger und selbstbewusster macht. Es gehört zum menschlichen Reifungsprozess, zu erkennen, dass keiner es vermeiden kann, im Leben schuldig zu werden, da all unser

Tun und Lassen Konsequenzen nach sich zieht – und dass wir gleichzeitig durch die Übernahme der Verantwortung für unsere Schuld an Reife und Beziehungsfähigkeit gewinnen."

Fragwürdige Vermächtnisse: Schuldgefühle als Familientradition

„Man kann seine Kinder noch so gut erziehen, sie machen einem ja doch alles nach."   (Unbekannt)

In der Familienpsychologie gilt es mittlerweile als unstrittig, dass der Ursprung für die aktuellen Probleme einer Person oder Familie häufig irgendwo in der Vergangenheit verborgen liegt. Familientherapeuten arbeiten deshalb gerne mit der sogenannten Mehrgenerationenperspektive: Statt sich ausschließlich mit der aktuellen Vater-Mutter-Kind-Familie zu beschäftigen, wirft man auch einen meist aufschlussreichen Blick in die Großeltern-, manchmal auch in die Urgroßelterngeneration.

Wer sich etwas intensiver mit seiner familiären Geschichte befasst, wird meistens schnell Parallelen finden. Ob der Neffe wie der Onkel das Motorradfahren liebt, die Enkelin wie ihre Großmutter Klavier spielt oder der Großvater wie der Urgroßvater unter Depressionen litt: Viele verblüffende Wiederholungen werden dort zum Vorschein kommen. Und längst nicht alle lassen sich ausschließlich genetisch erklären.

Das scheint uns manchmal unheimlich. Und es passt uns auch nicht, da es unserer Vorstellung vom unabhängigen Individuum widerspricht. Wir wollen ja schließlich nicht nur das fremdgesteuerte Resultat einer Familiengeschichte sein! Tatsächlich aber wirken so viele ungeahnte Kräfte über

Generationen hinweg, dass wir in vielerlei Hinsicht nicht so frei agieren, wie wird das glauben. Wenn es uns gut geht, werden wir selten auf die Zusammenhänge oder Ungereimtheiten in unserer Familiengeschichte aufmerksam. Doch wenn uns irgendetwas Diffuses belastet, wenn eine unsichtbare Kraft unsere Energien bindet oder wir uns auf unerklärliche Weise in unserem Handlungsspielraum eingeengt fühlen, sollten wir unbedingt einen Blick in die Familienhistorie riskieren. Unklare Schuldgefühle haben oft ihren Ursprung in zurückliegenden Erlebnissen eines Eltern- oder (Ur-)Großelternteils, manchmal auch eines entfernteren Familienangehörigen.

Schauen wir uns also an, was uns unsere Ahnen als mentales Erbe hinterlassen haben. Das kann ein spannendes Unterfangen sein, ungeahnte Ergebnisse hervorbringen, unseren Horizont erweitern. Und vor allen Dingen kann es uns entlasten.

Heimliche Aufträge: Wenn elterliche Schuldgefühle den Kindern das Leben schwermachen

Manche Menschen haben das Empfinden, in ihrem Leben alles „falsch" gemacht zu haben, die „falschen" Entscheidungen getroffen zu haben, den „falschen" Partner geheiratet zu haben, den „falschen" Beruf ergriffen zu haben usw. Diese Menschen leiden unter der großen Differenz zwischen ihrem „Ich-Ideal" und ihrer realen Persönlichkeit. Sie entsprechen nicht dem Bild, das sie einmal von sich selber entworfen haben. Zwischen ihrer Vorstellung davon, wie sie eigentlich sein sollten, und dem Leben, das sie tatsächlich führen, klafft eine tiefe Lücke. Schuldgefühle, die sich darauf aufbauen, entstehen aus dem Gefühl heraus, sich selbst (und womöglich auch anderen, den Eltern etwa) etwas Elementares schuldig geblieben zu sein.

Solche Schuldgefühle werden mit Vorliebe unbewusst an Familienangehörige weitergegeben. Vereinfacht gesagt: Was Mutter oder Vater nicht ausleben, was sie nicht erreicht haben, sollen die Kinder ausleben bzw. erreichen. In der Familienpsychologie spricht man von Delegation. Lebt die Mutter z. B. ein ungeliebtes Hausfrauendasein, kann es sein, dass sie der Tochter unbewusst den Auftrag erteilt: „Werde nie Hausfrau und Mutter." Ein Vater, der es vielleicht aus Sicherheitsgründen nicht wagte, einem künstlerischen Beruf nachzugehen, obwohl es sein größter Wunsch gewesen wäre, kann dem Sohn unbewusst mit auf den Weg geben: „Verwirkliche dich in einem kreativen Beruf." Als weitere typische Delegationen nennt der Psychologieprofessor Wolfgang Hantel-Quitmann:

– „Entdecke die Welt und binde dich nicht an eine Frau, denn ich habe mich an eine Frau gebunden und deshalb die Welt nicht gesehen."
– „Löse ein Problem, das ich nicht lösen konnte."
– „Räche dich an Menschen, die mir Böses getan haben."
– „Suche die erfüllte Liebe, die ich nie gefunden habe."
– „Werde so wie ich, denn dann zeigst du mir, dass ich gut und richtig bin."

Solange wir uns gut fühlen und diese Aufgaben erfolgreich erledigen, werden wir ein intaktes Selbstwertgefühl haben. Schwierig wird es erst, wenn unsere eigenen Bedürfnisse mit den delegierten Aufgaben nicht zusammenpassen oder wenn wir unterschiedliche Delegationen erhalten haben, die sich miteinander nicht vertragen oder sich sogar gegenseitig ausschließen. Wer die ihm auferlegten Delegationen nicht erfüllen will oder kann, ist stark gefährdet, unter Schuldgefühlen zu leiden.

Wir sollten herausfinden, welche heimlichen Aufträge wir vielleicht für unsere Eltern erledigen. Wir sind nicht auf der Welt, um die Missionen anderer Menschen zu erfüllen, die nicht in der Lage waren, die verpassten Chancen ihres Lebens angemessen zu betrauern und zu verarbeiten. Zumindest dann nicht, wenn es uns damit nicht gut geht.

Zweifelhafte Mitgift: Wie Schuldgefühle vererbt werden

Die Gründe, warum manche Menschen schnell die Rolle des Sündenbocks übernehmen, liegen oft in ihrer Kindheit, manchmal aber noch weiter verborgen in den Tiefen ihrer verwobenen Familiengeschichte. In der Familientherapie geht man davon aus, dass Menschen manchmal stellvertretend für andere Familienmitglieder Schuld übernehmen. Hat z. B. jemand tatsächlich schwere Schuld (z. B. durch ein Verbrechen) auf sich geladen, für diese aber nie geradegestanden, kann es sein, dass ein Nachkomme diese drückende Bürde übernimmt, ohne sich dessen bewusst zu sein. Ein anschauliches Beispiel hierfür sieht der Psychoanalytiker Helm Stierlin in deutschen Studenten, „die sich freiwillig für schwere Arbeit in israelischen Kibbuzim zur Verfügung stellten, um für die Schuld zu büßen, die ihre Eltern, ehemalige Bewohner Nazi-Deutschlands und möglicherweise Anhänger Hitlers, abzuwehren versuchten".

So werden Schuld und Schuldgefühle von einer Generation zur nächsten weitergereicht. Dass Deutschlands Nazi-Vergangenheit dabei eine besondere Rolle spielt, betont auch der Psychoanalytiker Horst-Eberhard Richter. In einer Rede über *Kindheit und Familie in der Entwicklung zur postmodernen Gesellschaft* thematisiert er die Last, die die Kinder der deutschen Nachkriegszeit unbewusst von ihren Eltern aufgeladen bekamen, die ihrerseits durch die Erlebnisse im Dritten Reich schwer traumatisiert waren: „Sie bekamen zu spüren, dass die psychisch geschädigten Eltern sie unbewusst stark mit eigenen Erwartungen beanspruchten. Sie sollten Freude stiften, sollten helfen, psychische Entbehrungen zu kompensieren, sollten aber auch erfolgreich funktionieren, um Selbstwertdefizite der Eltern wettzumachen. Sie hatten Eltern, die mit ihrer Vergangenheit im totalitären System des Hitler-Krieges so oder so traumatisiert waren, sei es durch entwürdigende Anpassung, sei es durch aktive Verwicklung in Ungerechtigkeit oder Inhumanität, sei es durch Erleiden von Verletzungen und Verlusten. Das trugen die Eltern meist sprachlos mit sich herum. Viele wollten sich darin nicht mehr wiedererkennen, was sie vor Kurzem noch gedacht und getan hatten. Die Kinder empfanden dumpf etwas von dieser Last, aber nur indirekt, indem sie – unbewusst – mithelfen sollten, die Eltern von dieser psychischen Bürde zu befreien. Sie bekamen Ängste, Depressionen ... Schuldgefühle ...“

Besonders kompliziert wird es, wenn sich verschleppte Schuldgefühle als Krankheiten zeigen oder in psychischen Störungen manifestieren. Der französische Psychiater und Familientherapeut Robert Neubauer konnte Zusammenhänge zwischen der Magersucht einer 25-jährigen Klientin und den Kriegserlebnissen ihres Urgroßvaters herausarbeiten und damit die Grundlage für ihren Heilungsprozess schaffen. So unglaublich sich das zunächst anhört, so plausibel sind die dafür gefundenen Erklärungen. In seinem Buch über das „Familientrauma“ schildert er den erschütternden Fall der jungen Frau, die sich unbewusst opfert, um eine Tat zu sühnen, die sie selber überhaupt nie begangen hat. Ein Blick in ihre Familiengeschichte verdeutlicht das ganze Drama: Ihr Urgroßvater, ein Widerstandskämpfer, wurde 1944 deportiert und kam im Lager ums Leben; sein Sohn, auch ein Widerstandskämpfer, wurde zeitgleich ebenfalls deportiert, überlebte dies aber und litt infolgedessen extrem unter der sogenannten Überlebensschuld[3] und dem Gefühl, seinen Vater im Stich gelassen zu haben. Dessen Sohn wiederum, der Vater der Magersüchtigen, schien seiner Tochter gegenüber fast gleichgültig zu sein, brach aber angesichts der offensichtlich völlig unverarbeiteten Erlebnisse seines Vaters und Großvaters in Tränen aus. Seine Energien waren vollkommen durch die vom Thema Schuld dominierte Familiengeschichte gebunden, ohne dass er dies je vermutet hatte. Die Tochter versuchte mit ihrem Hungern die vermeintliche Schuld ihres Großvaters zu tilgen, der seinen Vater nicht hatte retten können.

Solch verschlungene Pfade gehen Schuld und Schuldgefühle manchmal über Generationen hinweg. Viele weitere Beispiele solch fataler generationsübergreifender Verstrickungen schildert die Familientherapeutin Ingrid Dykstra in ihrem lesenswerten Buch *Wenn Kinder Schicksal tragen*.

Werfen wir also einen forschenden Blick in unsere Familiengeschichte und recherchieren, was unseren Ahnen widerfahren ist.

Eine Tradition von Schuld und Schuldgefühlen entsteht oft aufgrund gut gehüteter Geheimnisse in der Familiengeschichte. Solche Themen dürfen nicht angesprochen werden, werden totgeschwiegen und tabuisiert. Dazu gehören oft:

– Schwangerschaftsabbrüche und Fehlgeburten;
– „Kuckuckskinder", also Kinder, die aus einem mütterlichen „Seitensprung" entstanden sind, die entweder dem Ehe-

---

[3] Überlebensschuld: Menschen, die einen Krieg, einen Unfall oder eine andere Katastrophe überlebten, leiden häufig unter heftigen Schuldgefühlen und fragen sich, warum ausgerechnet sie am Leben blieben, während ihre Freunde, Kameraden oder Verwandten ums Leben kamen.

mann „untergeschoben" oder einvernehmlich als gemeinsames Kind ausgegeben werden;
- eine dem Kind verheimlichte Adoption;
- (Kriegs-)Verbrechen in der Familiengeschichte;
- sexueller Missbrauch, Vergewaltigung;
- Misshandlung, Gewalt;
- Alkoholismus, Drogenmissbrauch;
- Suizid von Angehörigen.

Familiengeheimnisse haben gravierende Folgen, denn auf ihnen werden häufig komplizierte Lebenslügen aufgebaut, die nur schwer zu entlarven sind.

Wir sollten neugierig darauf sein, was für Turbulenzen und Schicksalsschläge es in unserer Familiengeschichte so gegeben hat. Letztlich kann es nur befreiend sein, Zusammenhänge zwischen der Familiengeschichte und der eigenen Disposition zu Schuldgefühlen zu entdecken.

* Gab es auch in Ihrer Herkunftsfamilie Familiengeheimnisse und Tabuthemen, über die nicht gesprochen werden durfte?

* Welche sind das? Was wissen Sie darüber? Könnten Sie darüber noch mehr in Erfahrung bringen?

* Was könnte das Geheimnis Ihrer Familie mit Ihren heutigen Schuldgefühlen zu tun haben?

Manchmal liegen Familiengeheimnisse so im Verborgenen, dass man sie ohne Hilfe nicht lüften oder die Zusammenhänge mit den eigenen Problemen nicht erkennen kann. Wenn Sie aber vermuten, dass irgendetwas in Ihrer

Herkunftsfamilie „faul" ist, ist es sinnvoll, sich professionelle Hilfe bei jemandem zu holen, der systemisch oder familientherapeutisch arbeitet.

Auch wenn es manchmal unangenehme Arbeit bedeutet: Wir können den generationsübergreifenden Kreislauf der Schuldgefühle nur durchbrechen, indem wir ihren wahren Ursprüngen auf die Spur kommen.

3

Die Gewissensfalle:
Mütter zwischen Idealisierung und Abwertung

„mütterlich: aufopfernd, aufopferungsvoll, bemutternd, besorgt, fürsorglich, gütig, hingebungsvoll, liebevoll, selbstlos, uneigennützig, zärtlich, betulich"

Duden – Synonymwörterbuch 2004

Historische Altlasten:
Die Tradition der mütterlichen Schuldgefühle

„Was immer Frauen tun oder lassen, was immer sie denken und fühlen, wollen und träumen, Schuldgefühle gehören zu ihrer ständigen Begleitung. Ob als Tochter oder Mutter, Verheiratete oder Ledige, ob als Berufstätige oder Hausfrau, Christin oder Atheistin, Liberale oder Konservative, ob im Beruf oder in der Familie, ob in der Beziehung zum Mann oder bei der Erziehung der Kinder, es scheint keine weibliche Rolle und keine Lebensphase, keinen Stand und keinen Lebensentwurf zu geben, die nicht von der Bereitschaft der Frauen geprägt wären, sich schuldig zu fühlen." Eine solch düstere Bilanz zieht zumindest die Feministin Christa Mulack. Sie definiert Schuldgefühle als weibliches Problem, dessen Ursprung in den patriarchalischen Gesellschaftsstrukturen und der Leugnung männlicher Schuld zu finden sei. Als typisches Beispiel dafür nennt sie die Tendenz, weiblichen Vergewaltigungsopfern generell eine Mitschuld zu unterstellen.

Ich bin mir nicht sicher, ob alle Frauen so ausgeprägt unter Schuldgefühlen leiden, wie Mulack behauptet. Man muss aber keine Feministin sein, um Zusammenhänge zwischen männlicher Macht und weiblichen Schuldgefühlen zu vermuten. Schon mit dem Sündenfall im Paradies beginnt die biblische Tradition der weiblichen Schuld: Zur Strafe hat die Frau von nun an „unter Schmerzen" zu „gebären".

Dennoch bleibt fraglich, ob Frauen mehr von Schuldgefühlen gepeinigt werden als Männer. Männer laden schließlich auch Schuld auf sich, und das nicht zu knapp: Kriege, Morde und sexuelle Gewalt gehen schließlich überwiegend von Männern aus. Deshalb liegt die Vermutung nahe, dass Männer mit Schuld und Schuldgefühlen anders umgehen als Frauen.

„Schuld ist ein Thema, das alle Menschen betrifft", meint auch die Psychotherapeutin Burgel Geier. „Da die Reaktionen auf Schuldgefühle in den Bereich der Emotionen fallen, sind Frauen vermutlich jedoch eher bereit, sich dem zu stellen, während Männer sich von diesen unangenehmen Empfindungen ablenken, Schuldzuweisungen abwehren und ihr schlechtes Gewissen gar nicht erst zulassen. Sie zeigen ihre Schuldgefühle nicht und gestehen sich diese auch vor sich selbst nicht ein."

Es stimmt, dass das Patriarchat Frauen unterdrückt, abhängig und zu Sündenböcken gemacht hat, doch was nutzt uns dieses Wissen? Sollen wir nun den Männern die Kollektivschuld für unsere Schuldgefühle zuschieben? Ist uns damit geholfen?

Mitnichten, denn der Mann an unserer Seite hat wohl keine Verantwortung dafür zu tragen, dass seine Geschlechtsgenossen einst frauenfeindliche Gesetze erließen oder im Mittelalter „Hexen" verbrannten. Wir profitieren auch nicht davon, wenn Männer sich für ihre Spezies schämen und die Schuld für die Schandtaten anderer Männer tilgen wollen: Eine ganze Generation leidensbereiter „Softies" hat dies offensichtlich versucht und bei den Frauen reihenweise Schiffbruch erlitten.

Von der lieblosen Mutter zur „Herrscherin des Hauses": Die Entwicklung der mütterlichen Macht

Unter allen Rollen, die Frauen in ihrem Leben spielen, scheint die Mutterrolle besonders prädestiniert dafür zu sein, Schuldgefühle hervorzubringen. Die idealistisch überhöhten Vorstellungen von der „guten Mutter" laden das schlechte Gewissen zum Verweilen geradezu ein.

Doch dass die Bereitschaft der Mütter, Schuldgefühle zu entwickeln, keine naturgegebene Eigenschaft ist, hat Elisabeth Badinter in ihrem Klassiker über die „Mutterliebe" deutlich herausgearbeitet. Bis zum 18. Jahrhundert war es für begüterte Eltern in Frankreich selbstverständlich, Neugeborene direkt nach der Geburt zu Ammen zu geben und sie dort über Jahre hinweg mehr schlecht als recht versorgen zu lassen. Dort vorherrschende miese hygienische Bedingungen nahmen die Eltern billigend in Kauf, meistens kümmerten sie sich wenig oder gar nicht darum, wie es den Kleinen dort ging. Die Säuglingssterblichkeit war entsprechend hoch, die Trauer der Eltern meistens nicht tief. Unter Schuldgefühlen werden diese Frauen eher selten gelitten haben.

Erst als die französischen Herrscher Ende des 18. Jahrhunderts merkten, dass zu viele Kinder bereits im ersten Lebensjahr starben und dem Land schlichtweg die Untertanen ausgingen, begann man, sich öffentlich für das Kind zu interessieren. Besser gesagt: Man fing an, sich darüber Gedanken zu machen, wie die Überlebenschancen der Kinder verbessert werden konnten.

Nun wurden die Mütter auf den Plan gerufen: Sie wurden von Ärzten und anderen Autoritäten aufgefordert, ihre Säuglinge selbst zu stillen, um so den Fortbestand der Bevölkerung zu sichern. Auch Rousseau schrieb 1762: „Wenn sich die Mütter darauf verstünden, ihre Kinder selber zu nähren, so werden sich die Sitten von selbst erneuern und die natürlichen Regungen erwachen. Der Staat wird sich wieder be-völkern."

Nicht alle Frauen folgten fröhlich dem neuen Diktat der Mütterlichkeit. Für die Damen vornehmer Herkunft schien ein abwechslungsreiches, pompöses Leben auf dem gesell-schaftlichen Parkett durchaus attraktiver zu sein, als in den heimischen vier Wänden der Brutaufzucht zu frönen. In zahl-reichen Traktaten mussten die adeligen Mütter immer wie-der davon überzeugt werden, warum es wichtig sei, sich lie-bevoll dem Nachwuchs zuzuwenden. Und sie mussten zu der Einsicht gebracht werden, dass es eine ehrenwerte und naturgegebene Aufgabe der Frau sei, eine pflichtbewusste Mutter zu sein.

Bürgerliche Frauen dagegen ahnten, dass ihnen diese neue Aufgabe eine gesellschaftliche Aufwertung verschaffte, und akzeptierten die Rolle der fürsorglichen Mutter. Zusätzlich zur Schlüsselgewalt über die Besitztümer der Familie erhiel-ten sie nun immerhin die Macht und Entscheidungsbefug-nis über ihre Kinder. Sie wurden dadurch zum Angelpunkt der Familie, zur unanfechtbaren „Herrscherin des Hauses".

Im 19. Jahrhundert nahm die Bedeutung der Mutter ste-tig zu, ihre Pflichten wurden weiter ausgebaut. Neben der täglichen Versorgung und Wissensvermittlung wurde sie nun auch zuständig für die Weitergabe der moralischen Wertvorstellungen. Je mehr Verantwortung die Mutter für ihren Nachwuchs übernehmen sollte, desto mehr wurde sie zum bewunderungswürdigen Ideal hochstilisiert. Einerseits.

Andererseits wurde nun natürlich jede „schlechte" Mut-ter, also jede, die sich nicht voller Hingabe der Kindererzie-hung widmete oder darin nicht sehr erfolgreich war, mit Verachtung gestraft. Hier beginnt schließlich das Kapitel der mütterlichen Schuldgefühle, denn – so Badinter: „Ob das Kind stirbt oder kriminell wird, nun weiß man, wen man da-für auf die Anklagebank schicken kann."

Der Ruf der deutschen Mutter wurde im 20. Jahrhundert schließlich durch die Nazis gründlich ramponiert. Dem Führer arische Kinder zu „schenken" wurde zur wichtigsten Aufgabe der deutschen Frau; Mutterkult und Mutterkreuz wurden zum Sinnbild rassistischer Blut-und-Boden-Ideologie. Die Idee der „guten Mutter" bekam durch Hitler einen bitteren Beigeschmack und beeinträchtigte das Verhältnis der Deutschen zur Mutterschaft nachhaltig.

Weiblich, natürlich, stark: Die „neue Mütterlichkeit" der Frauenbewegung

Gegen „Gebärzwang" und „Zwangsmutterschaft" kämpften schließlich die Feministinnen der 70er Jahre. Sie verachteten das kleinbürgerliche Familienidyll der 50er Jahre, protestierten mit Parolen wie „Mein Bauch gehört mir" gegen den § 218 und für ein selbstbestimmtes Leben – mit oder ohne Kinder. Interessanterweise wandte sich ein Teil der Frauenbewegten später wieder voller Inbrunst der weiblichen Gebärfähigkeit zu: „Neue Mütterlichkeit" nannte sich diese Ideologie der 80er Jahre: „Erschien die Mutterrolle anfangs vor allem als eine Bedrohung aller individuellen Lebensziele der Frau, so wurde sie plötzlich zu einem bewusst angestrebten Selbsterfahrungstrip von besonderer Intensität", schreibt die Soziologin Herrad Schenk. Mutterschaft wurde nun als etwas Natürliches und Gebären als Ausdruck weiblicher Urkräfte verstanden, die innige, körperorientierte Bindung zu dem Kind rückte in den Mittelpunkt. Die Romanistik-Professorin Barbara Vinken beschreibt diese Mütter-Spezies leicht gehässig als „akademisch gebildete Frauen, die bei der Geburt ihres ersten Babys ihre Mutterrolle für sich professionalisiert hatten und in Säuglingspflege, Kleinkinderpsychologie und Ernährungskunde nicht zu schlagen waren. Sie kauften nur in Bioläden ein und machten durch Rucksack und Gesundheitsschuhe, durch geschnittene Äpfel und Möhren in Tupperware jedem klar, dass sie Wichtigeres zu tun hatten, als sich um so etwas Oberflächliches wie Schönheit, Stil oder die Normen der Arbeitswelt zu kümmern."

Nun waren es nicht mehr nur konservative oder kirchliche Kreise, die die Mutter in ihre angeblich naturgegebene Rolle in Heim und Hof verwiesen – nun waren es die Frauen selbst, die sich – bewusst und freiwillig – ganz den Kindern widmeten, allerdings ohne den Kindesvätern eine patriarchale Funktion innerhalb der Familie zu gewähren.

Diese „neuen Mütter" setzten hohe Maßstäbe für das Muttersein, an denen die zeitgenössischen Frauen, aber auch die Mütter kommender Generationen sich zu messen hatten. Die neu entdeckte Mutterschaft und ihre Idealisierung als Zeichen der natürlichen weiblichen Stärke mussten von nun an bei all denen Schuldgefühle provozieren, die diesen Vorstellungen nicht entsprechen konnten oder wollten.

„Mother-Blaming" in der Psychologie: Das Drama der begabten Mutter

Die Psychoanalyse wies der Mutter einen nahezu unheimlich anmutenden Einflussbereich zu: das kindliche Unbewusste.

Kaum hatte Freud Anfang des 20. Jahrhunderts entdeckt, dass sich das Unbewusste bereits in frühester Kindheit konstituierte, war es naheliegend, ab jetzt die Hauptbezugsperson, also die Mutter, bei eventuellen kindlichen Störungen für verantwortlich zu erklären. Sie wurde nun endgültig zur Hauptverantwortlichen für das Glück ihres Sprösslings. Von nun an war die Mutter nicht nur für die leibliche Gesundheit, die intellektuelle Entwicklung und die moralische Reifung des Kindes zuständig, sondern auch für seine seelische Befindlichkeit und psychische Stabilität.

„Mother-Blaming", die Beschuldigung der Mutter, kam im 20. Jahrhundert zunehmend in Mode. Kaum eine kindliche Schwierigkeit, die nicht direkt auf das Fehlverhalten der Mutter zurückzuführen war. Die US-amerikanische Psychologin Paula J. Caplan fand bei einer Untersuchung von 125 Artikeln aus neun verschiedenen psychologischen Zeitschriften in den Jahren 1970 bis 1982 heraus, dass Mütter hierin für 72 (!) verschiedene Probleme ihrer Kinder verantwortlich gemacht wurden: Vom Bettnässen bis zur Schizophrenie, von aggressivem Verhalten über Lernstörungen bis hin zu Transsexualität – stets wurde monokausal und pauschal der Mutter die Schuld dafür zugeschoben. Beispiel Autismus: Lange wurde in der Wissenschaft die Theorie vertreten, kindlicher Autismus entstehe einzig und allein durch die emotionale Kälte der Mutter – eine These, die heute als eindeutig widerlegt gilt.

Bindungstheorie und „Mutterentbehrung": Warum eine gute Mutter drei Jahre lang 24 Stunden für ihr Kind zur Verfügung stehen muss

Bowlbys Bindungstheorie Anfang der 70er Jahre schärfte dann das allgemeine Bewusstsein dafür, welch große Verantwortung die Mutter besonders in den ersten drei Lebensjahren des Kindes trägt. Er hatte viele hospitalisierte Heimkinder untersucht und kam zu dem Ergebnis, dass die „Mutterentbehrung" das Schlimmste war, was einem kleinen Kind widerfahren konnte.

Von einer entsprechenden Vaterentbehrung spricht Bowlby übrigens nicht. Für ihn ist klar, dass es die Mutter ist, „die unter normalen Verhältnissen zweifellos bei Weitem die wichtigste Beziehung in diesem Lebensabschnitt ist. Es ist die Mutter, die das Kind füttert und pflegt, die es wärmt und tröstet. Vom Standpunkt des kleinen Kindes betrachtet, spielt der Vater nur die zweite Geige …"

Die Erkenntnis, dass die angemessene „Bemutterung" eines Säuglings maßgeblich zu seiner gesunden Entwicklung beiträgt, ist natürlich nicht von der Hand zu weisen. Wer würde schon behaupten, ein Baby brauche seine Mutter nicht? Die Konsequenzen, die sich aus Bowlbys Bindungstheorie ergeben, sind jedoch weitreichend, denn ab jetzt ist die Frau nicht mehr nur eine schlechte Mutter, wenn sie ihr Kind aus irgendeinem Grund nicht ausreichend „bemuttern" kann. Zusätzlich bekommt sie auch ein schlechtes Gewissen, sobald sie ihr Baby in Fremdbetreuung gibt, denn dank Bowlby wissen wir nun, „dass es immer eine ernste Angelegenheit ist, ein Kind unter drei Jahren von seiner Mutter zu trennen; nur aus guten und ausreichenden Gründen ist man dazu berechtigt, und wenn die Trennung unumgänglich ist, muss sie mit großer Sorgfalt geplant werden."

Bowlbys Erkenntnisse sind in der Zwischenzeit relativiert worden: Mittlerweile wissen wir, dass auch ein adoptiertes Kind sich bei nicht-leiblichen Eltern gut entwickeln und ein Mann ein Baby liebevoll „bevatern" kann. Trotzdem wird Bowlbys Bindungstheorie immer noch gerne als Argument gegen eine frühe Fremdbetreuung eingesetzt, und sie macht es Frauen bis heute schwer, Kinder unter drei Jahren guten Gewissens in eine Kinderkrippe oder zu einer Tagesmutter zu geben.

Das unheilvolle Unbewusste: Was Erziehung alles anrichten kann

Einen weiteren Meilenstein in Sachen „mütterliche Schuldgefühle" legte Alice Miller, die mit ihren publikumsnah geschriebenen psychoanalytischen Schriften schmerzlich verdeutlichte, welch verheerende Wirkung Erziehung auf die kindliche Entwicklung haben kann. In ihrem 1979 erschienenen Buch *Das Drama des begabten Kindes* beschreibt sie eindrücklich, wie Eltern ihre Kinder systematisch zur Befriedigung eigener Bedürfnisse missbrauchen. Das Dramatische daran: Es geschieht meistens ohne böse Absicht! Eltern haben in den meisten Fällen gar kein Bewusstsein dafür, was sie überhaupt anrichten. Sie fügen ihren Kindern schwere psychische Schäden zu, und zwar aus einer Bedürftigkeit heraus, die sie selber gar nicht wahrnehmen, und weil sie in ihrer eigenen Kindheit nicht ausreichend Sicherheit und Geborgenheit kennen gelernt hatten: „Eltern, die dieses Klima als Kinder nicht bekommen haben, sind *bedürftig*, d. h. sie suchen ihr ganzes Leben, was ihnen ihre eigenen Eltern zur *rechten Zeit* nicht geben konnten: ein Wesen, das ganz auf sie eingeht, sie ganz versteht und ernst nimmt."

Das sensible Kind aber – so Miller – spürt die Bedürfnisse der Eltern, versucht diese zu erfüllen, stellt seine eigenen hintan, entfremdet sich zwangsläufig zunehmend von seinen eigenen Gefühlen und entwickelt schließlich tragischerweise ein „falsches Selbst". Viele Leser und Leserinnen fühlten sich angesprochen und erkannten sich in dem „begabten Kind" wieder, das von seinen Eltern nie wirklich wahrgenommen wurde.

Alice Millers Verdienst ist zweifellos, die seelische Verwundbarkeit eines Kindes ins allgemeine Bewusstsein gebracht und aufgezeigt zu haben, welche unbewussten Mechanismen in Eltern-Kind-Beziehungen manchmal zum Tragen kommen. Ihr Anliegen war wohl weniger, unfähige Eltern an den Pranger zu stellen, als vielmehr die Folgen der „schwarzen Pädagogik" deutlich zu machen, die eine Missachtung der kindlichen Würde zum Prinzip erhoben hatte. Millers Bestreben geht noch heute dahin, Menschen, die in ihrer Kindheit Schlimmes erlebt haben, dazu zu bewegen, sich ihrer schrecklichen Kindheitserlebnisse bewusst zu werden, statt sie zu verdrängen, wie es ihnen im Zuge ihrer Erziehung systematisch beigebracht wurde.

Daran ist gar nichts auszusetzen. Doch dem „Drama des begabten Kindes" folgte dann auch bald das Drama der begabten Mutter: Die engagierte, halbwegs gebildete Mutter weiß nun, welch schwerwiegende Schäden sie in der Psyche ihres Kindes anrichten kann. Ab jetzt reicht es nicht mehr, eine aufmerksame Mutter zu sein, die es gut meint, denn ihr eigenes Unbewusstes spielt ja offensichtlich in ihrem Tun eine ungeahnte Rolle! Nun muss sie ihr Erziehungsverhalten permanent beobachten, kontrollieren und reflektieren, damit ihr bloß kein Fehler unterläuft, der das Kind geradewegs in einen unglücklichen Dauerzustand versetzt oder es von sich selbst entfremdet. Die Verantwortung, die sie trägt, wächst ins Unermessliche, das Vertrauen in die eigene „natürliche" erzieherische Kompetenz ist nachhaltig erschüttert. Auch wenn das nicht Alice Millers Absicht war: Ängste und Schuldgefühle lassen da nicht lange auf sich warten.

Krisengebiet Kinderzimmer:
Das schlechte Image der Familie in den Medien

In den deutschen Medien geht es, was das Thema Familie angeht, in letzter Zeit heiß her: Experten machen sich in Radio, Zeitung oder Fernsehen lautstark darüber Gedanken, wie man für mehr Nachwuchs sorgen könnte. Und man sucht Schuldige für das bevölkerungspolitische Desaster: Kinderlose, im Beruf erfolgreiche Frauen sehen sich plötzlich absurden Vorwürfen ausgesetzt, Männern wird pauschal Zeugungsverweigerung bescheinigt. Den vorläufig grotesken Höhepunkt lieferte Eva Hermans Buch *Das Eva-Prinzip*, in dem sie den Feministinnen, „die uns ein männliches Rollenbild aufzwingen wollen", die Hauptschuld für das angeblich drohende Aussterben der Deutschen gibt. Kurzum: Die Familie als nicht mehr ganz so selbstverständliche Lebensform ist in die Schlagzeilen geraten.

Dennoch kann die erhitzte öffentliche Diskussion rund ums Kinderkriegen nicht darüber hinwegtäuschen, dass die Familie in der Zeitung ein völlig unterrepräsentiertes Thema ist. In den Regionalzeitungen kommen Familienthemen kaum vor, ein eigenständiges Familienressort gibt es selten. Immerhin hat die Bundeszentrale für politische Bildung dieses Defizit erkannt und bot 2005 erstmals ein Weiterbildungsseminar für Journalisten an: „Familie – die vernachlässigte Zielgruppe". Vielleicht ein guter Anfang. Momentan aber spüren Eltern bei der täglichen Zeitungslektüre, dass Familienarbeit kein Thema von hoher Relevanz ist.

Nicht viel besser sieht es in den Informationssendungen im Fernsehen aus. So hat eine Studie des Adolf-Grimme-Instituts über „Familienbilder im Fernsehen" ergeben, dass familienpolitische Meldungen nicht einmal *ein* Prozent aller Beiträge in Nachrichten und Magazinen ausmachen, also quasi gar nicht vorkommen.

Unfähig und inkonsequent?
Eltern am öffentlichen Pranger

Taucht die Familie dann doch auf, finden sich Mütter und Väter am öffentlichen Pranger wieder: Fachleute unterschiedlichster Disziplinen konstatieren medienwirksam, die Eltern seien mit der Erziehung ihrer Kinder überfordert. Glaubt man ihnen, so sind Mütter und Väter prinzipiell verunsichert, können keine Grenzen mehr setzen und keine Werte mehr vermitteln. Kinder werden vernachlässigt oder verwöhnt oder beides gleichzeitig. Sie haben ADHS, hängen ewig vor der Play-Station oder im Internet herum und stopfen vor dem Fernseher Fast Food in sich hinein. Den medialen Schreckensmeldungen zufolge werden sie dann folgerichtig zu randalierenden, gewaltbereiten Teenies, saufen sich auf Flatrate-Partys ins Koma und werden zu allem Überfluss noch drogen-, fett- oder magersüchtig. Der „Erziehungskatastrophe" wird ausgerufen, das Kinderzimmer kurzerhand zum Krisengebiet erklärt.

„Die Erziehung der Eltern. Wie Mütter und Väter um ihre Autorität kämpfen", titelte der *Spiegel* im Juli 2005. Und im Vorspann heißt es: „Deutschlands Väter und Mütter sind überfordert. Genervt von ihren Kindern, suchen sie in Scharen Rat in Elternkursen und Erziehungsseminaren. Schon denken Pädagogen darüber nach, Nachhilfe für Eltern zur Pflicht zu machen." Und der *Stern* legte 2007 nach: „Kleine Tyrannen: 100 Fragen ratloser Eltern und 100 Antworten erfahrener Experten".

Hat hier denn keiner mehr etwas im Griff? Kindererziehung in Deutschland: ein Trümmerhaufen, so scheint es. Doch ist die allgemeine Verunsicherung im Erziehungsalltag wirklich eher die Regel als die Ausnahme? Sind Eltern so unfähig oder einfach zu blöd, um ihre Kinder zu erziehen?

Tatsache ist, dass die meisten Eltern ihre Kinder gut versorgen und verantwortungsbewusst mit ihnen umgehen. Immerhin weist die Shell-Jugendstudie 2006 darauf hin, dass die meisten Jugendlichen mit ihren Eltern zufrieden sind: „71% der Jugendlichen würden ihre eigenen Kinder ungefähr so oder genauso erziehen" und „etwa 90% kommen nach eigener Auskunft gut mit den Eltern zurecht".

Doch ein selbstbewusstes Mädchen oder ein fröhlicher Junge sind keine Zeitungsmeldung wert und taugen weder für zweifelhafte Doku-Soaps à la Super-Nanny noch als Gäste in den Schmuddel-Talk-Shows. Kids und Teens werden als mediale Hauptfiguren erst interessant, wenn sie negativ auffallen: als Schulverweigerer, erziehungsresistente Problemfälle, aufsässige Störenfriede – und als Kriminelle natürlich.

Eine Langzeitanalyse des Bonner Medienforschungsinstituts Medien Tenor konnte belegen, dass seit 2003 die negative Darstellung von Kindern und Jugendlichen in den deutschen Medien stark zugenommen hat: „Kriminalität steht an vorderster Stelle. Familien- und Bildungspolitik werden von der Sensation krimineller Aktivitäten in den Hintergrund gedrängt", kommentiert Wolfgang Stock, seinerzeit Chefredakteur des Medien Tenor, das Ergebnis. „Eine derartige Konzentration der Medien auf straffällig gewordene Kinder und Jugendliche prägt die öffentliche Wahrnehmung." Und das, obwohl laut Zweitem Sicherheitsbericht des Justizministeriums 2006 alle vorliegenden Dunkelfeldstudien eindeutig belegen, dass Gewalt bei jungen Menschen rückläufig ist, und zwar sowohl im schulischen Kontext als auch außerhalb der Schule!

Auch Eltern verdienen natürlich nur dann Schlagzeilen, wenn sie Schändliches oder Grausames angerichtet haben. Frei nach dem journalistischen Grundsatz „Nur eine schlechte Nachricht ist eine gute Nachricht" ist auch nur eine „schlechte" Mutter eine Meldung wert: eine „Rabenmutter", die ihre Kinder vernachlässigt oder ihr Neugeborenes aussetzt. Und immer wieder liest man die reißerisch aufgemachten grausamen Geschichten verzweifelter Menschen, die aus Eifersucht oder finanzieller Not erst ihre Liebsten und anschließend sich selbst töten.

Kein Wunder, dass den Eltern angesichts dieser abschreckenden Familienverhältnisse der letzte Rest an gesellschaftlichem Respekt abhanden kommt. Die mediale Dauerpräsenz von Vernachlässigung, Missbrauch und Misshandlung im familiären Kontext führt zwangsläufig dazu, dass die meisten Menschen überzeugt sind, die Gewalt an Kindern habe in den letzten Jahren drastisch zugenommen – obwohl die Statistik eine ganz andere Sprache spricht. So heißt es im Zweiten Sicherheitsbericht des Justizministeriums 2006:

„Sowohl die Einstellungen zu Erziehungsmethoden als auch das Verhalten von Eltern hat sich deutlich in Richtung auf eine vermehrte Gewaltfreiheit verschoben." Und auch „die besonders brisanten sexuell motivierten Tötungen von Kindern haben in Deutschland langfristig deutlich abgenommen und sind aktuell – entgegen bisweilen entstehenden Eindrücken – erfreulicherweise extrem selten …"

Natürlich: Es gibt immer noch zu viele Eltern, die ihre Kinder schlagen und misshandeln, und traurigerweise verzeichnet dieselbe zitierte Statistik eine Zunahme von psychischer Gewalt an Kindern. Trotzdem: Der medial vermittelte Eindruck, Kinder würden heute häufiger Opfer von Straftaten als früher, trügt. Eltern sind eben doch besser als ihr Ruf.

„Für Mütter, die das Beste geben": Das mütterliche Gewissen als Zielscheibe der Werbeindustrie

Michael Schophaus sucht in seinem Buch *Mütter sind die besseren Frauen* den Ursprung des mütterlichen schlechten Gewissens. Der einzige Sündenbock, den er ausfindig machen kann, ist die Werbung. Denn – so der Autor: „Wenn man bedenkt, wie die Fernsehwerbung noch heute Kaufanreize zu wecken versucht, indem man Müttern ein schlechtes Gewissen attestieren will, nur weil sie angeblich das falsche Waschpulver benutzen und durch einen kratzenden Pullover die Haut ihrer Liebsten gefährden, darf sich keiner ernsthaft wundern, wenn Mütter irgendwann an diesen Unsinn glauben."

Glauben wir den Unsinn wirklich? Ist die Werbung also schuld an unserem schlechten Gewissen? Nutzt sie es nur aus? Oder handelt es sich um einen wechselwirksamen Prozess, bei dem sich schlechtes Gewissen und Appell an dasselbe gegenseitig aufrechterhalten und verstärken?

Tatsache ist, dass Mütter sowohl im Zeitschriftenmarkt als auch in der Fernsehwerbung eine heiß umkämpfte Zielgruppe sind. Sie sind schließlich die „Familienmanager mit Einkaufsmacht", wie es in einer Broschüre von SuperRTL heißt. Genießen Mütter und Hausfrauen auch gesellschaftlich einen eher bescheidenen Ruf, so sind sie zumindest als „Kaufentscheider" für den so genannten „Heavy User Familie" beliebt: „Mütter sind wichtig – und eine werberelevante Zielgruppe" – und insofern für die Wirtschaft von zentraler Bedeutung. An den Kindern sparen die Eltern schließlich zuletzt.

„Frauen kaufen nach wie vor für die Familie all die Shampoos, Brühwürfel und Fertiggerichte ein", weiß auch Dirk Evenson, ehemaliger Geschäftsführer der renommierten Werbe-Agentur Scholz & Friends, zu berichten. Und er bestätigt, dass es bei Werbung für Frauen schon immer darum gehe, „nicht nur die Vorzüge eines Produktes zu zeigen, sondern auch zu beweisen, dass man bei der Verwendung eines Produktes eine gute Mutter, eine gute Hausfrau ist".

Der mediale Dauerappell an unser Gewissen begann mit dem legendären, für unseren heutigen Geschmack etwas plump geratenen Lenor-Gewissen Ende der 60er Jahre und setzt sich bis heute unbeirrt fort. Auch wenn sich die Werbespots dem Zeitgeist angepasst haben und mitunter etwas subtiler daherkommen als die gute alte Clementine, so gilt doch immer dieselbe simple Botschaft: *Kaufe dies, und du bist eine gute Mutter.*

Ob sie nun lächelnd Schokoriegel, Fruchtgummis oder Weichspüler anpreisen – Mütter kommen in der Werbung reichlich dusselig daher: „Sie fürchten Gefrierbrand, kratzige Handtücher, Kaffee ohne Verwöhn-Aroma, Windeln ohne ausreichende Saugkraft und kalktrübe Gläser", resümiert auch die *Zeit* vom 6. 5. 2004. Kein Wunder, dass Mütter diese Werbung hassen: Laut *Werben & Verkaufen* ergab eine

Umfrage, dass 40 % der befragten Mütter von den „klischee-beladenen Heile-Welt-Szenarien" der Werbung schlicht und einfach genervt sind.

Die Marketingchefs sehen jedoch keinen Handlungs-bedarf und halten unbeirrt an den stereotypen Rollenbildern fest. So meint etwa der Marketingberater Peter Pirck in *Werben & Verkaufen*: „Die idealtypische Rolle der Mutter als Versorgerin und emotionaler Mittelpunkt der Familie steht auf der gesellschaftlichen Werteskala immer noch weit oben. Die Werbung sollte das nicht überstrapazieren, aber auch nicht ignorieren."

„Wenn es meinen Kindern gut geht, geht es auch mir gut": Weiß Werbung, was Mütter wünschen?

Dass Mütter nur das Beste für ihre Familie wollen, wissen die Marketingstrategen natürlich. Ein schönes Beispiel hier-für ist die Wegwerf-Windel: Entgegen der Erwartungen der Hersteller war es nämlich schwierig, Mütter von den Vortei-len der Höschenwindel zu überzeugen. Sie waren anfangs nicht bereit, die Stoffwindel gegen die praktischere „Pam-pers" einzutauschen, obwohl man mithilfe verschiedener Wer-bemaßnahmen eindrücklich vorgeführt hatte, welche Erleich-terung das neue Produkt für die Eltern bedeute. Entspre-chende Studien zum Kaufverhalten der Zielgruppe zeigten schließlich, dass die versprochene Arbeitserleichterung für die Mütter unerheblicher war, als die Werbeexperten ange-nommen hatten: Viel wichtiger als die eigene Entlastung war den Müttern nämlich das Wohl und die Zufriedenheit der Babys. Prompt wechselte man die Marketingstrategie: In al-len Werbemaßnahmen wurde nun deutlich hervorgehoben, dass die Babys in den neuen Windeln nicht nur trockener, sondern auch glücklicher seien. Erst dieser Kunstgriff konn-te die Mütter dazu motivieren, die Wegwerfwindel zu kaufen.

Dem Interesse der Werbung an den Müttern verdanken wir immerhin einige aufschlussreiche Studien, die so manche unserer vagen Vermutungen bestätigt. Kaum ein Forschungsgebiet beschäftigt sich schließlich so ausführlich mit der Befindlichkeit und den Bedürfnissen von Müttern wie die Marktforschung. So gab die Familienzeitschrift *Familie & Co* im Jahr 2002 eine Studie über das Selbstverständnis und die Konsumgewohnheiten heutiger Mütter in Auftrag. Eines der interessantesten Ergebnisse der qualitativen Stichprobeninterviews: Mütter haben offensichtlich kein positives Identifikationsmodell, sondern sind vielmehr darum bemüht, sich von den verschiedenen Anti-Bildern „Glucke", „Rabenmutter", „Heimchen am Herd", „Hochglanz-Mutter" und „Schlampe" abzugrenzen. Auch die Vorstellung von der „Super-Mutter", die locker „alles unter einen Hut bringt", bröckelt zunehmend: „Gerade wenn Frauen in Lebenssituationen sind, die besonders belastend sind, und es offensichtlich wird, dass eben nicht alle Ansprüche zu erfüllen sind, fällt es ihnen schwer, diesem Mutterbild hinterherzuhecheln: Überlastungsklagen, Angstzustände, Depressionen oder psychosomatische Beschwerden werden als Kehrseite dieses Mutterbildes offensichtlich, und die betroffenen Frauen suchen mitunter verzweifelt nach Auswegen."

Was bleibt, ist eine sogenannte „Leitbild-Vakanz". Mit anderen Worten: Es gibt kein akzeptables Vorbild für die Mutter von heute.

Wir hatten es ja schon geahnt …

4

Der ganz normale Wahnsinn:
Vom alltäglichen Erziehungschaos

„Bevor ich heiratete, hatte ich sechs Theorien über Kindererziehung. Jetzt habe ich sechs Kinder und keine Theorie."   John Wilmot, Earl of Rochester (1647–1680)

Demokratisch Grenzen setzen?
Was Mütter alles leisten sollen

Laut § 1626 des Bürgerlichen Gesetzbuches haben Eltern „die Pflicht und das Recht, für das minderjährige Kind zu sorgen". Darüber immerhin besteht gesellschaftlicher Konsens. Weniger einig sind sich die Gelehrten darüber, was das genau bedeutet und wie eine „gute" Erziehung eigentlich aussieht: Experten jeder Couleur und Gesinnung überhäufen uns mit gut gemeintem psychologischem und pädagogischem Fachwissen, das sich manchmal nett liest, aber längst nicht immer alltagskompatibel ist. Die unüberschaubare Flut der Erziehungsratgeber stiftet zusätzlich Verwirrung und sät manchmal eher Zweifel an der eigenen Erziehungskompetenz, statt diese zu stärken. Jörg Lau bringt diese Widersprüchlichkeit in der *Zeit* vom 6. 5. 2004 auf den Punkt: „Die Professionalisierung der Erziehung durch die Expertenindustrie umterminiert das Vertrauen der Mütter in ihre mitgebrachten Fähigkeiten. Der britische Soziologe Frank Furedi hat dafür das Wort ‚Elternparanoia' geprägt. Das Paradox, dass Mütter ‚paranoid' werden lässt, besteht darin, dass ihnen vermittelt wird, sie seien zwar hoffnungslos inkompetent, trügen aber auch eine größere Verantwortung für das

Wohlbefinden ihrer Kinder als Eltern früherer Generationen."

Und so prasseln von allen Seiten unzählige, zum Teil höchst widersprüchliche Forderungen auf uns hernieder. So sollen wir

* unseren Kindern die größtmögliche Geborgenheit vermitteln, sie aber keinesfalls verwöhnen,

* ihnen Disziplin beibringen, aber ohne Drill und unnötige Strenge,

* ihnen stets mit Verständnis begegnen, aber weder zu nachsichtig noch zu nachlässig sein,

* sie fit machen für den hart umkämpften Arbeitsmarkt, sie aber keinesfalls unter Leistungsdruck setzen,

* sie zu mitfühlenden Mitbürgern erziehen und ihnen gleichzeitig beibringen, sich durchzusetzen,

* ihnen eine schöne Kindheit bescheren, sie aber nicht in Watte packen,

* sie fördern, aber nicht überfordern,

* sie bedingungslos lieben, aber Grenzen setzen,

usw.

Ja, was denn nun? Wie sollen wir entscheiden, welches Erziehungsverhalten zu dem gewünschten Ergebnis führt, wenn es keine akzeptablen Vorbilder gibt? Wo ist das gute Mittelmaß? Wann bin ich zu streng und ab wann ziehe ich meine Kinder zu kleinen Tyrannen heran? Wann ist die berühmte Ausnahme von der Regel erlaubt? Und wann verkommt der Versuch, konsequent zu sein, zur hohlen Prinzipienreiterei?

Im Dschungel dieser diffusen Anforderungen können Eltern schon mal den Überblick verlieren. Kein Wunder, dass sich sporadische Irritation einstellt. So konstatiert der Kinder- und Jugendtherapeut Wilhelm Rotthaus: „Viele schwanken unschlüssig zwischen der Idee, ihren Kindern eine glückliche und unbeschwerte Kindheit schaffen zu wollen, und dem Wunsch auf eine hohe Leistungsbereitschaft sowie Erfolge ihrer Kinder in Schule und Sport."

Na, kein Wunder. Erziehungsarbeit ist eben ein Balanceakt, bei dem wir schnell aus dem Gleichgewicht geraten können. Schließlich stürzt sie uns täglich in kleinere bis mittlere Gewissenskonflikte: Sollen wir unseren kleinen Sohn in Ruhe die Schnecke studieren lassen und riskieren, zu spät zur Arbeit zu kommen? Oder lieber durchgreifen und so die natürliche Neugier des Kindes unterbinden? Darf mein Kind Pudding essen, obwohl es das Gemüse nicht angerührt hat? Wie soll ich reagieren, wenn ich mein Töchterchen beim Lügen erwische? Was mache ich, wenn der launische Teenager alles Mögliche macht, nur nicht das, worauf wir uns eigentlich geeinigt hatten? Was erlauben, was verbieten? Wann bestimmen, wann verhandeln? Was kann ich gerade noch so durchgehen lassen, und wann muss ich mich durchsetzen?

Täglich müssen wir solche schwierigen Entscheidungen treffen – und möglichst die „richtigen", zu denen wir auch später noch selbstbewusst stehen können! Das ist oft ganz schön schwierig.

Nicht gerade leichter macht es da die Tatsache, dass wir unseren Sprösslingen in trauter Familienatmosphäre Werte vermitteln sollen (und wollen), die gesellschaftlich längst out sind oder von den Medien systematisch unterlaufen werden: So sollen wir unseren Kindern beibringen, ihre Kekse mit Freunden zu teilen, während überall herumgeschrieen wird, dass Geiz „geil" sei. Wir sollen unseren Söhnen und Töchtern erklären, was es mit Liebe und Erotik Schönes auf sich hat, während sie von deutschsprachigen „Gangsta-Rappern" mit sexistischen Texten der übelsten Sorte zugedröhnt werden. Und wir sollen ihnen verklickern, dass sich das Lernen für eine berufliche Karriere lohnt, während sie miterleben müssen, dass wir trotz solider Ausbildung um unsere eigenen Arbeitsplätze bangen. Wie können wir ihnen ein Gefühl von Sicherheit vermitteln, wenn wir unsere eigene schon längst verloren zu haben glauben?

Wir können die komplexen politischen, gesellschaftlichen und kulturellen Bedingungen nur bedingt beeinflussen, aber wir können uns klarmachen, welch schwierige Rahmenbedingungen sie uns stecken.

Fakt ist: Viele Eltern leisten gute Erziehungsarbeit unter erschwerten Bedingungen. Darauf können sie stolz sein.

Warum es in der Erziehung kein „richtig"
und kein „falsch" gibt

Die Gesellschaft verändert sich ständig und mit ihr die Erziehungsmoden und -methoden. Den Müttern der 60er und 70er Jahre wurde das Stillen ausgeredet und von angeblich kompetenter – nämlich ärztlicher – Seite glaubhaft versichert, es sei erzieherisch und gesundheitlich wertvoll, Babys stundenlang schreien zu lassen. Bloß nicht verweichlichen oder verwöhnen! Die pflichtbewusste Mutter, die sich brav an diese Maxime hielt, bekam ein schlechtes Gewissen, wenn sie ihr Kind heimlich auf den Arm nahm und damit genau das tat, was wir heute für vollkommen natürlich halten.

In den 80er Jahren kam „frau" im Zuge der „neuen Mütterlichkeit" zu der Ansicht, Muttermilch sei die gesündeste Babynahrung und körperliche Zuwendung sei das Beste, was eine Mutter ihrem Säugling geben könne. Das Tragetuch kam schwer in Mode, und niemand sah noch einen tieferen Sinn darin, hilflose Windelpakete schreien zu lassen. Mittlerweile waren wir zu der Erkenntnis gelangt, dass das Urvertrauen des Kindes Schaden nehmen kann, wenn seine

Grundbedürfnisse nach Nähe, Wärme und Körperkontakt nicht ausreichend befriedigt werden.

Den Müttern früherer Zeiten hatte man etwas anderes erzählt. Kann man ihnen deshalb einen Vorwurf machen? Wohl kaum, denn sie wussten es nicht besser. Sie handelten in dem Glauben, das Richtige für das Kind zu tun. Dass sich das als Irrtum herausstellen sollte, konnten sie schließlich nicht ahnen.

Eltern jeder Generation werden mit neuen Erziehungsideen konfrontiert. Was wir heute für richtig halten, kann morgen schon wieder überholt sein. Wissenschaft und Forschung sorgen immer schneller für neue Erkenntnisse und stellen vieles, was wir lange für selbstverständlich hielten, wieder infrage oder modifizieren es zumindest. Die Gefahr, dass man es später besser weiß, besteht also immer. Es gibt keine Sicherheit, das absolut „Richtige" zu tun. Wir müssen unser Familienleben so gestalten, wie wir es *jetzt* für angemessen und stimmig halten, Risiko inklusive!

Erziehung ist ja auch nicht erst seit heute ein „Experiment mit ungewissem Ausgang" (Rotthaus). Schwierigkeiten mit Kindern hatten schließlich alle Generationen vor uns auch. So soll schon Sokrates ca. 400 Jahre v. Chr. gesagt haben: „Die Kinder von heute sind Tyrannen. Sie widersprechen ihren Eltern, kleckern mit dem Essen und ärgern ihre Lehrer." Und auch für die Jugendlichen fand er angeblich keine freundlichen Worte: „Sie haben keine Manieren und missachten jegliche Autorität, Moral und Gesellschaft nehmen sie für sich allein in Anspruch, geben ihren Eltern nichts als Widerworte und tyrannisieren zu allem Überfluss die Pädagogen."

Was Erziehung heute besonders kompliziert zu machen scheint, ist das Fehlen verbindlicher Richtlinien und allgemeingültiger Konzepte. Der autoritäre Erziehungsstil hat ausgedient, die „antiautoritäre" Erziehung konnte sich nicht durchsetzen, ein neuerer, durchaus sympathischer theoretischer Ansatz nennt sich „anleitende Erziehung"[4]. In der postmodernen Realität wurschteln wir uns aber einfach so durch.

„Es hat den Anschein, dass ein hierarchisch-generationenbezogenes Modell von Eltern-Kind-Beziehungen einem eher partnerschaftlich-egalitären Modell gewichen ist", fasst der Professor für Familienpsychologie Klaus A. Schneewind die Entwicklung der letzten Jahrzehnte zusammen. Und auch er weiß, dass diese geradezu revolutionäre, demokratische Vorstellung von Erziehung mühevolle Arbeit bedeutet, denn damit gehen auch die „schwierigen Prozesse des Aushandelns einher, die ein solches Modell im Alltagsleben mit sich bringt".

Je weniger eindeutige Normen unser Erziehungsverhalten bestimmen, desto mehr sind wir selbst als entscheidende Instanz gefordert. Denn, wie der Psychologe Rotthaus sagt: „Es gibt kein ‚richtig' oder ‚falsch' in der Erziehung, keine ‚richtige' oder ‚falsche' Erziehung. Es gibt demgegenüber aber die aufmerksame Erzieherin, die das Kind sensibel beobachtet und ihre Wahrnehmung dieses einen, in seiner Art einzigartigen Kindes zum Ausgangspunkt ihrer erzieherischen Bemühungen macht." Und auch der Professor für Kinderheilkunde Remo Largo betont, dass Erziehung heute eigentlich nur bedeuten kann, Kinder zu „lesen": „Die Vielfalt bei Kindern ist so groß, dass wir einsehen müssen, dass es keine allgemeingütigen Erziehungsregeln geben kann. Gleichaltrige Kinder können so verschieden sein, dass eine erzieherische Haltung, die dem einen Kind entspricht, bei einem anderen verfehlt sein mag. Je besser es uns gelingt,

---

4 Entwickelt vom deutschen Kinderschutzbund. Siehe hierzu: Paula Honkanen-Schoberth, Starke Kinder brauchen starke Eltern, Urania Verlag, Stuttgart, ohne Jahresangabe.

uns auf die individuellen Bedürfnisse und Eigenheiten der Kinder einzustellen, desto besser werden sie sich entwickeln und desto geringer wird der erzieherische Aufwand sein."

Das macht es nicht gerade einfacher. Doch wir wachsen an unseren Aufgaben. Mit Kindern zu leben heißt eben auch, sich mit den eigenen Wünschen, Erwartungen, Hoffnungen, Vorstellungen und Ängsten auseinanderzusetzen.

Nutzen wir also die Chance, mit unseren Kindern zu reifen. Fehler zu machen gehört dazu! Und daraus zu lernen auch.

Den eigenen Weg gehen: Eltern sind die Experten für ihre Familie

Haben Sie auch den einen oder anderen Erziehungsratgeber schon mal genervt aus der Hand gelegt? Quellen Ihnen auch die ewigen pädagogischen „Do's" und „Dont's" zu den Ohren heraus? Und sträuben sich Ihnen auch bei so manchem Erziehungsratschlag die Nackenhaare?

Dass Sie mich nicht falsch verstehen: Es gibt kompetent geschriebene Ratgeber und wirklich hilfreiche Ideen zur Gestaltung des Familienlebens. Doch was nutzen mir Tipps, die zu mir, meiner Lebensart, meinen Kindern und der Form unseres Miteinanders überhaupt nicht passen? Was, wenn sich bei der Lektüre das Gefühl einstellt, dass da übermenschliche Geduld von mir verlangt wird oder ein Zeitaufwand, den ich mir gar nicht leisten kann?

Manchmal hinterlässt die Lektüre pädagogischer Schriften ein schales Gefühl. Vielleicht, weil die Erziehungsratgeberliteratur Mütter gleichzeitig für „inkompetent und omnipotent" erklärt und auf der „Grundannahme mütterlicher Unfähigkeit" beruht, wie es in der *Zeit* vom 6. 5. 2004 heißt?

Vielleicht. Zumal in vielen Ratgebern schlicht immer noch so getan wird, als müsse man bloß auf eine bestimmte

Art mit Kindern umgehen und bräuchte dann auf das gewünschte Resultat nur noch zu warten. Gibt man einen hochwertigen erzieherischen Input ein, verhalten sich die Kinder in Zukunft angemessen. Man nehme kiloweise Liebe, Geduld und Verständnis, mixe das ausgiebig mit zwei Litern Einfühlungsvermögen, einem Esslöffel voll Konsequenz, einer wohldosierten Werte-Mischung und einer Prise natürlicher Autorität. Täglich dem Kinde verabreicht, wird es eine ausgeglichene, leistungsfähige und emotional stabile Persönlichkeit.

Wäre es doch so einfach. Doch es gibt nun einmal keine Patentrezepte für das Leben mit Kindern.

Warum sollte ich mir also von jemandem vorschreiben lassen, mein Baby von Anfang an in seinem Bettchen schlafen zu lassen? Nur weil das Familienbett mittlerweile aus der Mode zu kommen scheint? In den 80er Jahren fand es kein Mensch problematisch, wenn mein Töchterchen während des Stillens in einen seligen Schlummer fiel. Heute lautet die Maxime: Legt euer Baby wach ins Bett, damit es frühzeitig lernt, alleine zu schlafen. Muss es das denn? Und wenn, warum?

Erfahrungsgemäß lassen sich junge Mütter von heute schnell verunsichern – groteskerweise sogar dann, wenn sie genau sehen, dass es ihrem Kind gut geht. Das zeigt auch das folgende Beispiel:

In einem Abendkurs über Erziehungsthemen fragte eine besorgte Mutter, ob es in Ordnung sei, dass ihr knapp zweijähriges Kind erst um 21 Uhr ins Bett komme. Es mache immer einen langen Mittagsschlaf und freue sich immer so, wenn am Abend sein Papa nach Hause kommt. Die Stunde mit dem Vater gönne sie beiden ja auch, aber sie wüsste nicht, ob es gut sei, das Kind erst so spät ins Bett zu bringen. Die erstaunte Kursleiterin frag-

te, was denn ihre Sorge sei, ob das Kind einen müden oder unausgeglichenen Eindruck mache? Nein, erwiderte die Mutter, sie habe nur so oft in Elternzeitschriften gelesen, dass Kleinkinder spätestens um 20 Uhr schlafen sollten.

Manchmal ist es sinnvoller, einen Ratgeber weniger zu lesen und sich mehr auf sich selbst zu besinnen. Es gibt in den meisten erzieherischen Entscheidungen ohnehin gar kein „richtig" oder „falsch", aber es gibt so etwas wie „Das passt zu uns", „Das ist stimmig für uns" oder „Das tut uns und unserem Kind gut". Eltern sind selbst die Experten für ihr Kind. Sie kennen es am besten und wissen, was es braucht. Und wenn sie es mal nicht so genau wissen, wird es auch nicht gleich Schaden nehmen. Sie werden es herausfinden. Und wenn nicht, können sie sich immer noch bei einer Vertrauensperson der eigenen Wahl Rat und Hilfe holen.

„Die Natur rechnet nicht damit, dass Eltern und Bezugspersonen perfekte ‚Kinderleser' sind. Sie müssen nicht ständig die Bedürfnisse ihres Kindes zu erahnen suchen und an ihm herumrätseln. Ein Kind hält ein gewisses Maß an Frustrationen aus und meldet seine Bedürfnisse allenfalls lautstark an, wenn diese nicht befriedigt werden." Zu dieser beruhigenden Erkenntnis kommt auch der renommierte Kinderarzt Remo Largo.

Für die effektive Lektüre von Erziehungsratgebern habe ich da noch eine kleine Idee: Lesen Sie selektiv. Filtern Sie heraus, was Ihnen gefällt, was Ihnen zusagt und in Ihren Lebensalltag passt. Den Rest schmeißen Sie ohne Skrupel auf den gedanklichen Müllhaufen. So finden Sie mit Sicherheit in jedem Buch die ein oder andere hilfreiche Zeile.

Ansonsten gilt: Relativieren Sie pädagogische Ansprüche. Steht in einem Artikel: „Bleiben Sie ruhig und geduldig", fügen Sie innerlich rasch ein „möglichst" hinzu. Lesen Sie irgendwo die verheißungsvolle Überschrift: „So schaffen Sie es, Ihr Kind für die Schule zu motivieren", so fehlt hier eindeutig ein kleines „vielleicht". Es ist einfach, wohlklingende Erziehungsratschläge zu formulieren. Diese in der Realität umzusetzen, ist meistens viel schwieriger.

Übergriffe und Untertöne:
Elterngespräche zum Abgewöhnen

Gehören Sie zu den Müttern, die bislang nur positive Erfahrungen im Gespräch mit Erzieherinnen und Lehrern gemacht haben? Dann dürfen Sie sich glücklich schätzen.

Doch viele Eltern fühlen sich in so manchem Elterngespräch mit pädagogischen oder anderen Profis nicht wirklich ernst genommen. Und wenn es um Schwierigkeiten der Kinder in Kindergarten oder Schule geht, sehen sie sich manchmal verhörartigen Gesprächsmethoden ausgesetzt. Oft erklärt man sie dann allzu kurzsichtig für schuldig an den tatsächlichen oder vermeintlichen Problemen des Kindes.

Um Missverständnissen vorzubeugen: Es gibt viele Pädagogen, die Probleme von Kindern und Eltern ernst nehmen und wohlwollend darauf reagieren. Doch einige lassen es in Elterngesprächen schlicht an Respekt mangeln und können sich einen vorwurfsvollen Unterton einfach nicht verkneifen, wie auch das folgende Beispiel zeigt:

Verena, Mutter von zwei Kindern, erzählt: „Meine Tochter hatte schwere Aufmerksamkeitsstörungen und später Depressionen. Mit der Beratungslehrerin der Schule und einem Sozialpädagogen führte ich damals viele Gespräche. Immer bekam ich irgendwie das Gefühl vermittelt, ich sei als Mutter für alles verantwortlich und hätte wohl in der Erziehung versagt. Schnell wurde ich als ‚Haupt-

schuldige' gesehen, was – selbst wenn es stimmen sollte – wenig hilfreich war. Auch das Beschuldigen meiner Tochter – sie sei einfach nur ‚zu faul' und habe eben ‚Pubertätsprobleme' – half uns in dieser schwierigen Situation wenig. Es hat mich geärgert, dass viel pseudopsychologisch herumgerätselt wurde, wir aber eigentlich keine wirklich kompetente Hilfe bekamen."

Dass eine nach Schuld suchende Grundhaltung keine solide Basis für ein hilfreiches Miteinander sein kann, müsste Pädagogen eigentlich klar sein – und dass sie Eltern so abschrecken. Jeder weiß, dass man sich sofort und nachhaltig verschließt, sobald man sich angegriffen fühlt.

Warum fällt es Lehrern und Erzieherinnen manchmal schwer, die nötige Empathie für Eltern aufzubringen? Warum werden Eltern, die selber leiden, da es ihren Kindern schlecht geht, nicht entlastet, sondern zusätzlich noch mit Schuldzuweisungen belastet?

Wie wir wissen, dienen Schuldzuweisungen in erster Linie der Entlastung des eigenen Gewissens. Wenn also die Eltern schuld an der Misere des Kindes sind, kann es ja nicht am Lehrer oder der Erzieherin liegen – noch nicht einmal dann, wenn die Probleme ausschließlich im Klassenraum oder in der Kita zum Ausdruck kommen. Dieser Gedanke ist sehr praktisch, da der Pädagoge weder sich selbst noch seinen Arbeitsstil, geschweige denn seine Haltung dem Kind gegenüber reflektieren oder gar kritisch infrage stellen muss.

Außerdem haben natürlich auch Erzieherinnen und Lehrerinnen recht genaue Vorstellungen davon, wie „gute Mütter" zu sein haben, wie eine gute Erziehung aussieht usw. Auch sie sind geprägt von Rollenbildern und Konventionen. Manchmal neigen sie dazu, zu rasch Urteile zu fällen, da sie sich als kompetent erleben und meinen, Probleme rasch überblicken zu können. Dass sie dabei Gefahr laufen, mit ihrer Schnelldiagnose knapp danebenzuliegen oder eigene ungelöste Konflikte auf ihre Gesprächspartner zu projizieren, ist ein altbekanntes Problem im sozialen Arbeitsfeld. Um genau dieser Gefahr vorzubeugen, gibt es in vielen psychosozialen Arbeitsbereichen die verpflichtende Supervision, in der das eigene (Beratungs)Verhalten unter professioneller Anleitung kritisch reflektiert wird.

Dass auch unter Helfer-Profis Vorurteile und Ängste herrschen, die zu unproduktivem Verhalten führen können, zeigt das folgende Beispiel einer Supervisorin, die mit dem Mitarbeiterinnen-Team eines Frauenhauses arbeitete:

In einer Fallbesprechung ging es um eine junge Mutter zweier kleiner Kinder, die schon seit mehreren Wochen im Frauenhaus lebte. Die Mitarbeiterinnen des Frauenhauses waren sich einig, dass die junge Frau ihre Kinder nicht ausreichend versorgen konnte. Aus fachlicher Sicht war klar, dass die Kinder in eine Fremdbetreuung kommen mussten.

Die Mutter wehrte sich verständlicherweise dagegen. Sie verschloss sich mehr und mehr, je stärker die Forderung, die Kinder abzugeben, an sie herangetragen wurde. Sie wurde trotzig und reagierte stur. Schließlich war sie ins Frauenhaus gekommen, um Hilfe und Schutz zu bekommen, und jetzt wurde sie mit ihrer Unfähigkeit als Mutter konfrontiert.

Die Mitarbeiterinnen stritten sich über das weitere Vorgehen. Einige zeigten sich verständnisvoll, andere waren ärgerlich über die Uneinsichtigkeit der jungen Mutter.

In der Supervision fand zunächst eine Auseinandersetzung mit dem eigenen Rollenverständnis über das Muttersein und den damit verbundenen Erwartungen und Schuldgefühlen statt. Die Mitarbeiterinnen des Frauen-

hauses konnten den Trotz der jungen Mutter schließlich
als verdrängte Schuldgefühle interpretieren und ihr nun
mit mehr Einfühlungsvermögen begegnen.

Sie lernten, von Schuldzuweisungen und Bewertun-
gen abzusehen, und konnten sich nun auf die Fakten kon-
zentrieren, um zu einer konstruktiven Problemlösung zu
gelangen.

Die folgenden Gespräche mit der betroffenen Mutter
verliefen jetzt besser. Die junge Frau konnte langsam ak-
zeptieren, dass sie als Mutter zweier Kinder momentan
überfordert war, und war nun bereit, die Kinder zumin-
dest vorübergehend abzugeben. Sie überwand auch ihre
Schuldgefühle, eine schlechte Mutter zu sein, denn ihr
wurde in den Gesprächen mit den Mitarbeiterinnen des
Frauenhauses klar, dass sie eine verantwortungsbewusste
Entscheidung getroffen hatte.

Auf Augenhöhe: Profis sind Experten. Eltern auch

Wie unbeholfen viele Menschen in helfenden und heilenden
Berufen im Umgang mit Eltern sind, wurde mir schlagartig
in einem Weiterbildungskurs klar. Erzieherinnen und Ergo-
und Physiotherapeutinnen, die vorwiegend mit Kindern mit
psychomotorischen Schwierigkeiten arbeiteten, wollten hier
lernen, die Eltern ihrer kleinen Klienten für eine konstruktive Zusammenarbeit zu gewinnen.

In einer Eingangsrunde beklagten sich die Teilnehmerinnen über die mangelnde Bereitschaft der Eltern, ihre profes-
sionellen Tipps anzunehmen und in ihrem Alltag zugunsten
der Kinder umzusetzen. Sie erlebten Mütter oft als ver-
schlossen, desinteressiert, abwehrend und unkooperativ. Das
widerspenstige Verhalten der Eltern machte die Profis hilflos
und wütend. Sie fühlten sich in ihrer Kompetenz und Hilfsbereitschaft nicht ausreichend gewürdigt.

In einer ersten Übung wurden die Teilnehmerinnen aufgefordert, sich anhand von Beispielfällen Gedanken darüber zu machen, wie sie die Eltern der zu therapierenden Kinder sinnvoll in ihr Behandlungskonzept einbeziehen könnten. Die meisten von ihnen begannen spontan, den Eltern Vorschriften zu machen à la: „Gehen Sie öfter mit ihrem Kind auf den Spielplatz", „Nehmen Sie sich mehr Zeit für Ihr Kind", „Lesen sie ihm öfter mal ein Buch vor". Auch verfielen sie gerne in moralische Appelle wie „Das müssen Sie doch einsehen!" Eine Erzieherin wollte eine (fiktive) Mutter ernsthaft dazu überreden, ihren gesamten Tagesablauf umzukrempeln, was im Kurs für Heiterkeit sorgte.

Den meisten Teilnehmerinnen war zunächst nicht klar, dass sie bei ihren gut gemeinten Bemühungen

* Rücksicht auf die jeweilige Familiensituation nehmen mussten,

* die Perspektive und die Ressourcen der Eltern zu respektieren hatten,

* mit den Eltern in echten Kontakt treten mussten, um ihr Vertrauen zu gewinnen und so eine Basis für eine Zusammenarbeit zu schaffen,

* den Eltern wertschätzend zu begegnen hatten,

* den Eltern nicht ihre eigenen Vorstellungen überstülpen und ihnen keine Vorschriften machen durften,

* und die Eltern als *die eigentlichen Experten* für die Kinder zu akzeptieren hatten.

Das einzusehen, fiel den Helfer-Profis zunächst schwer. Sie hatten ihr Handwerk schließlich gelernt und wollten nun den Eltern endlich zeigen, wie es „richtig" geht. Dass Mütter und Väter sich solchen Bevormundungsversuchen gegenüber sperren, indem sie sich verschließen und unkooperativ werden, verwundert nicht.

Es ging in dem Kurs also darum, Erzieherinnen und Therapeutinnen für die Sorgen und Nöte der Eltern zu sensibilisieren. Weiterhin sollten sie das elterliche Abwehrverhalten als Schutzmechanismus verstehen lernen und den Mangel an Bereitschaft zur Mitarbeit nicht als persönlichen Angriff werten.

So übten die Teilnehmerinnen, den Eltern auf Augenhöhe zu begegnen, statt sie als zu belehrende, unfähige Stümper zu betrachten. Und sie merkten, wie leicht eine Zusammenarbeit sein kann, wenn sie Müttern und Vätern mit mehr Respekt begegneten. Nach zahlreichen „Aha"-Erlebnissen verließen sie abends den Raum. Ihnen war vorher gar nicht klar gewesen, wie problematisch es für Eltern sein kann, ein „schwieriges" Kind zu haben – und dass ein solches Kind manchmal eben auch Eltern „schwierig" werden lässt.

Kurzum: Die engagierten Profis hatten nun mehr Verständnis für die Eltern entwickelt, was ihre innere Haltung und die Art ihrer Gesprächsführung veränderte. Es wäre zu wünschen, dass recht viele Menschen, die mit Kindern und Eltern arbeiten, eine solche Weiterbildung besuchten!

Das Fünkchen Wahrheit:
Unangenehme Gedanken zulassen statt abwehren

Hilfreiche Gespräche zu führen will also gelernt sein und bedarf der kontinuierlichen Selbstreflexion. Da wir das von Lehrern, Ergotherapeutinnen, Erzieherinnen oder Krankengymnastinnen nicht flächendeckend erwarten können, müssen wir selber etwas ändern. Und da geht einiges, denn auch wir können an unserer Haltung arbeiten und unsere Reaktionen hinterfragen.

Die eigene Empfindlichkeit und das eigene Abwehrverhalten sind nämlich die Kehrseite der Medaille. Vorwürfe fallen nur da auf fruchtbaren Boden, wo wir angreifbar sind, wo wir fürchten, unseren eigenen Ansprüchen nicht gerecht zu werden. Und da wir unsere Mutterrolle nun mal sehr ernst nehmen, reagieren wir auf noch so subtile (vermeintliche) Angriffe auf unsere Erziehungskompetenz heftig und nachhaltig. Wir wehren unangenehme Gedanken schon im Vorfeld ab. Wir wollen manchmal einfach nicht hören, was uns jemand mitteilen will, weil es vielleicht schmerzlich wäre und an unserem Selbstbild rütteln würde.

Abwehrreaktionen schützen uns oft vor schmerzlichen Erfahrungen – und verhindern manchmal wichtige Erkenntnisse. Denn oft sind es ja genau die Behauptungen, die wir empört von uns weisen, die das sprichwörtliche Körnchen Wahrheit enthalten.

Wenn Ihnen ein Lehrer (oder wer auch immer) also verbal mal so richtig auf die Füße tritt, dann fragen Sie sich im Nachhinein, was Sie besonders gekränkt hat.

* Was hat er/sie Ihnen vorgeworfen oder unterstellt?

* Was weisen Sie weit von sich? Was empört Sie am meisten?

* Fangen Sie (innerlich) sofort an, sich zu rechtfertigen oder zu verteidigen? Wenn ja, warum?

Genau an diesen heiklen Stellen sollten wir in uns hineinhorchen. Es könnte uns manchmal helfen, einen kleinen Schritt weiterzukommen.

Nicht wie meine Mutter!
Gute Vorsätze, miese Gefühle

„Meine schlimmste Befürchtung ist, dass meine Kinder mir die Fehler, die ich als Mutter gemacht habe, nicht verzeihen können und mit ihren Kindern wiederholen."

(Clara, zwei Kinder)

„Du bist genau wie deine Mutter" oder „Jetzt hörst du dich schon an wie dein eigener Vater" sind selten gern gehörte Sätze. Meistens sind sie als Vorwurf gemeint und beziehen sich exakt auf die Verhaltensweisen unserer Eltern, die wir nicht so prima fanden.

Die „Fehler" der eigenen Eltern in der Erziehung der Kinder zu vermeiden, ist ein Vorsatz vieler junger Mütter und Väter. Und dennoch tendieren wir alle zumindest phasenweise dazu, in der Erziehung unserer Kinder altvertraute Verhaltensmuster aus der eigenen Kindheit zu wiederholen. Trotz aller guten Vorsätze reagieren wir so beleidigt oder vorwurfsvoll wie unsere Mutter oder so ungeduldig und verständnislos wie der eigene Vater. Manchmal kommen uns dann Sätze über die Lippen, die wir früher schon gehasst haben. Erschüttert stellen manche Eltern dann fest, dass sie nun doch genau das machen, was sie immer vermeiden wollten.

Solange wir und unsere Kinder darunter nicht ernsthaft leiden, können wir über unsere kleinen Wiederholungszwänge staunen und schmunzeln. Merken wir aber, dass uns bestimmte Verhaltensweisen daran hindern, unseren Kindern hilfreich zur Seite zu stehen und bestimmte Probleme zu lösen, wird es schon schwieriger. Hier kollidiert unser Wunsch, es besser als die eigenen Eltern zu machen, mit dem Gefühl, an den guten Vorsätzen zu scheitern. Wir spüren zwar, dass unser Verhalten nicht konstruktiv ist, haben aber das Gefühl, nicht anders handeln zu können. Und das ist auch so, denn solche Prozesse laufen ohne unser bewusstes Zutun wie ein inneres Programm ab. Der bloße gute Wille, es besser zu machen, scheint hier nicht auszureichen: Unbewusste Kräfte haben das Ruder übernommen.

Auch manövrieren sich Eltern im Kontakt mit ihren Kindern unbewusst in Situationen, in denen sie sich ebenso hilflos fühlen wie damals, als sie selber noch ein Kind waren: „Es ist … möglich, dass sich bei Eltern, ausgelöst durch die Interaktion mit ihren Kindern, unvermittelt Gefühle einstellen, die aus der Zeit ihrer eigenen Kindheit stammen. Sie sind diesen Emotionen ausgesetzt und wiederholen unbewusst die Entscheidungsprozesse und Verhaltensmuster von damals, als sie dieses Gefühl zum ersten Mal verspürten. So werden spezifische Ausprägungen der Eltern-Kind-Beziehung von Generation zu Generation weitergegeben", schreiben die Therapeuten Paris in ihrem Buch *Nicht wie meine Eltern*.

Dass wir alte und auch ungeliebte Verhaltensmuster im Kontakt mit unseren Kindern reproduzieren, hat aber durchaus einen tieferen Sinn, denn – so Paris – „die Wiederholung frühkindlicher Gefühle ist ein unvermeidlicher Teil des menschlichen Lebens. Wir sollten uns nicht dafür verurteilen, sondern uns lieber bemühen zu verstehen, was genau dahintersteckt. Indem wir unsere Kindheitsmuster wiederholen, versuchen wir ein Klima zu schaffen, in dem wir unsere bislang unbefriedigten Bedürfnisse endlich erfüllen können."

Kinder haben – so scheint es zumindest – eine natürliche Gabe, unsere wunden Punkte zu entdecken. Und da auch die Neigung, Schuldgefühle zu entwickeln, meistens irgendwie in unserer Kindheit verwurzelt ist, können bestimmte Verhaltensweisen der eigenen Kinder unser schlechtes Gewissen reaktivieren, das wir vielleicht schon als kleines Mädchen ausgeprägt haben.

Setzen wir uns deshalb mit unseren Kindheitserlebnissen und den dazugehörigen Gefühlen auseinander. Je mehr wir darüber in Erfahrung bringen, desto größer ist die Chance, die Quelle unseres schlechten Gewissens zu orten, alte Verhaltensmuster zu erkennen, sie zu verstehen und schließlich dann auch aufzulösen.

Blick zurück: Wie ist es uns als Kind ergangen?

❋ Wie bin ich wahrgenommen worden und wie habe ich mich gefühlt?

❋ Was hat mir (manchmal) gefehlt? Was hätte ich gebraucht?

❋ Hatte ich auch früher schon Angst davor, etwas falsch zu machen? Welche Befürchtungen hatte ich?

❋ Hatte ich auch früher schon manchmal ein schlechtes Gewissen?

❋ Wer hat mich bestraft? Wofür? Wie war das?

❋ Wer hat mir Unrecht getan – vielleicht auch ohne das zu wollen?

❋ Durfte ich meine Gefühle zeigen, auch mal wütend sein? Bin ich auch in meinen Nöten wahrgenommen worden?

❋ Habe ich mich manchmal einsam gefühlt?

❋ War ich brav und angepasst? Oder habe ich viel rebelliert? Wenn ja, wogegen?

❋ Musste ich schon sehr früh Verantwortung übernehmen? Wofür?

❋ Musste ich meinen Eltern (ausgesprochene oder unausgesprochene) Versprechungen geben? Welche?

✳ In welchen Situationen fühle ich mich im Kontakt mit meinen Kindern hilflos oder überfordert? Erinnert mich das an Situationen bzw. Gefühlslagen aus meiner Kindheit?

Das unbewusste Familienerbe:
Regeln, Rollen und Werte aufstöbern

▷ *Werte: Was uns wirklich wichtig ist*

Wir alle haben als Kinder in unseren Herkunftsfamilien bestimmte Werte, Regeln, Gebote und Verbote kennengelernt und diese zu unseren eigenen gemacht, ohne sie zu reflektieren oder infrage zu stellen. Manches ist uns davon bewusst, doch das meiste dessen, was wir davon übernommen haben, schlummert tief in unserem Unterbewusstsein vor sich hin, ohne jemals Beachtung zu finden.

Wie wir gesehen haben, entstehen Schuldgefühle, wenn wir meinen, bestimmten Ansprüchen nicht zu entsprechen. Wenn wir wissen wollen, an welchen Stellen wir Schuldgefühle entwickeln, macht es also Sinn, sich über die eigenen Wertvorstellungen klar zu werden.

✳ Welche ausgesprochenen und vorgelebten Werte waren in Ihrer Herkunftsfamilie wichtig? (Klassische Werte sind z. B. Pünktlichkeit, saubere Kleidung, Ordnung, Fleiß, gutes Benehmen, Gehorsam, gute Leistungen, Rücksichtnahme, Disziplin usw.)

✳ Welche Werte sind Ihnen heute davon noch wichtig? Welche weniger?

Wenn wir wissen, welche Werte uns wichtig sind, können wir darüber nachdenken, ob wir das, was wir theoretisch für „gut" halten, auch praktisch in unserem Alltag umsetzen (können) – und ob wir unseren Kindern so auch das Vorbild sein können, das wir sein wollen. Denn oft klafft zwischen unseren eigenen Ansprüchen und dem, was wir wirklich vorleben, eine Lücke.

▶ *Familienregeln: Was ist erlaubt, was verboten?*

Auch familieninterne Regeln aufzustöbern kann sehr hilfreich sein, wenn man sich auf die Suche nach den Ursachen für ein schlechtes Gewissen macht. „Regeln sind nicht sichtbar und werden selten offengelegt; sie steuern vielmehr das Verhalten, so wie die Sprache das Sprechen steuert. Die Mitglieder eines Systems gehen implizit von den Regeln aus, indem sie sich so verhalten, wie es den Regeln entspricht", so der Psychologieprofessor und Familientherapeut Wolfgang Hantel-Quitmann.

Regeln erkennt man also am ehesten, indem man von dem Verhalten der Familienmitglieder Rückschlüsse auf ein dahinterliegendes unsichtbares Regelwerk zieht. Viele früh gelernte Gebote und Verbote sind auch in unserem aktuellen Leben noch wirksam: Oft befolgen wir noch als Erwachsene die gleichen Regeln, die wir als Kinder kennengelernt haben, auch dann, wenn sie uns im heutigen Leben vielleicht daran hindern, uns zu verändern und zu entwickeln. Sich Regeln bewusst zu machen, die aus einem anderen Jahrzehnt stammen und gar nicht zu unserem jetzigen Lebensmodell passen, könnte uns also zu neuen Freiheiten verhelfen. Häufige, oft niemals thematisierte Regeln in Familien lauten:

– Über Geld / Sex / Angst / Gefühle … spricht man nicht.
– Jeder muss mit seinen Problemen allein fertig werden.
– Mutter / Vater muss geschont werden.

– Erzähle niemandem über die Probleme in der Familie.
– Wir halten immer zusammen.
– Keiner darf wissen, dass Papa oft betrunken ist.
– Es wird nicht (laut) gestritten.

***

**Wie lauteten die Gebote und Verbote in Ihrer Herkunfts-
familie?**

✳ Ergänzen Sie:

> *Man darf auf keinen Fall ...*
> *Man sollte immer ...*
> *Pass auf, dass ...*
> *Es ist gut, wenn ...*

✳ Gab es Regeln, die für einige Familienmitglieder galten,
für andere nicht?

✳ Gab es widersprüchliche Regeln in Ihrer Familie?

✳ Haben diese Regeln, Verbote und Gebote noch heute Einfluss auf Ihr Leben? Woran merken Sie das?

***

▶ *Die „Brave", der „Böse" oder die „Begabte"?*
Die eigenen kindlichen Rollenmuster erkennen

Kinder besetzen in Familien bestimmte Rollen und übernehmen damit unterschiedliche Aufgaben. Je rigider diese
Rollenzuschreibungen erlebt werden, desto mehr fühlen sich
Kinder verpflichtet, diese zu erfüllen. Umgekehrt kann sich
ein Kind besser entfalten, je flexibler in Familien mit den
verschiedenen Rollen umgegangen werden kann. So manche Verletzbarkeit von Erwachsenen hat mit alten einengen-
den und starren Rollenmustern zu tun, in die wir als Kinder
eingebunden waren. Aufgaben, die Kinder in Familien übernehmen, sind z. B.

- Ich muss gut / lieb / brav / stark sein.
- Ich darf keine hohen Ansprüche stellen, ich muss gut funktionieren.
- Ich muss Mama trösten, Mama braucht mich.
- Ich muss meine Geschwister beschützen.
- Ich muss dafür sorgen, dass meine Eltern zusammenbleiben. / Ich muss zwischen Mama und Papa vermitteln.
- Ich will meinen Vater stolz machen.

Oft prägen die Rollen, die wir als Kinder in den Familien übernommen haben, noch heute unsere Verhaltensweisen. Noch im Erwachsenenalter kann es uns schwerfallen, diese Rollen zu sprengen, und wir reagieren bei entsprechenden Ausbruchsversuchen mit Schuldgefühlen. Überprüfen Sie also ruhig:

❋ Wie lautete Ihr Lebensmotto als Kind?
❋ Welche Aufgabe haben Sie innerhalb des Familiensystems erledigt? Was hatte das für Auswirkungen?
❋ Was haben diese frühen Rollenmuster mit Ihnen, Ihrem Leben und Ihren Schuldgefühlen heute zu tun?
❋ Was erlauben Sie sich heute, was Sie sich früher nie getraut hätten? Was trauen Sie sich heute immer noch nicht, ohne Schuldgefühle zu entwickeln?

Auch die Zuschreibungen, die wir besonders oft zu hören bekamen oder die uns wortlos übermittelt wurden, sagen eine Menge darüber aus, wie wir gesehen und auf welche Rolle wir möglicherweise festgelegt wurden.

- „Du bist so stark." / „Du bist so schwach."
- „Du bist klug." / „Du bist dumm."
- „Du bist faul." / „Du bist ja so fleißig."

- „Du bist nichts wert."/„Du warst schon immer was Besonderes.""/„Du bist schlecht."
- „Du bist schön/dick/unsportlich/langsam/empfindlich."

Zuschreibungen spiegeln immer nur einen einzigen Aspekt unserer Persönlichkeit, manchmal auch nur eine Facette unseres Verhaltens wieder und sind von daher immer einschränkend und verallgemeinernd. Wer oft genug hört, wie klug oder stark er oder sie ist, glaubt irgendwann daran und erlaubt sich möglicherweise nicht mehr, auch mal „dumm" oder „schwach" zu sein. Kinder sind stets geneigt, sich mit den zugeteilten Aufgaben und Eigenschaften zu identifizieren. Auch später im Leben bestimmen diese frühen Festschreibungen oft noch unser Selbstverständnis, ohne dass wir uns dessen bewusst sind.

✳ Welche Zuschreibungen haben Sie schon besonders oft gehört? Welche wurden Ihnen nonverbal vermittelt?

✳ Was davon gefällt Ihnen, was nicht? Was engt sie ein?

✳ Welche Glaubenssätze sind daraus entstanden? (z. B. „Ich bin nur liebenswert, wenn ich stark/schlau/brav bin" oder „Ich bin schlecht, wenn ich nicht …")

✳ Welche Zuschreibungen verletzen Sie oder setzen Sie unter Druck? Können Sie diese positiv umformulieren oder so ergänzen, dass die Aussage für Sie stimmiger wird?
„Du bist langsam." → *„Ich lasse mir Zeit und erledige die Dinge gründlich."*
„Du bist klug." → *„Ich bin klug und warmherzig."*
„Du bist etwas Besonderes." → *„Ich muss nichts Besonderes sein, um liebenswert zu sein."*

Sprechen Sie am besten die veränderte Fassung einmal laut und deutlich aus. Fühlt sich das besser an?

An dieser Stelle bietet es sich an, auch einmal die Haltung zu den eigenen Kindern zu reflektieren:

---

* Neigen Sie dazu, Ihr Kind auf bestimmte Eigenschaften festzulegen?
* Wie lauten diese? *„Du bist faul/frech/unverschämt/intelligent/sportlich/niedlich ..."*
* Versuchen Sie, sich in Ihren Aussagen eher auf das konkrete Verhalten Ihres Kindes als verallgemeinernd auf seinen Charakter zu beziehen!

Wenn Familienbindungen zu eng sind: Übertriebene Loyalität

Manche Erwachsene fühlen sich ihren Eltern gegenüber immer noch zur Loyalität verpflichtet. Sie sind so ein Leben lang stark gebunden, nicht wirklich frei für ein selbstbestimmtes Leben. Dabei kann eine derart gebundene Person durchaus ein eigenständiges Leben führen, weit weg in einem anderen Land wohnen oder den Eltern durchaus kritisch gegenüberstehen. Die inneren Verflechtungen aber sind so stark, dass sie unbewusst streng nach den elterlichen Wertvorstellungen und Lebensrichtlinien handeln, ohne dies je bewusst wahrzunehmen. „Sich loyal den Eltern gegenüber zu verhalten bedeutet, die gleichen moralischen Vorstellungen und ethischen Maßstäbe zu haben: gut und böse, richtig und falsch, sinnvoll und sinnlos, erstrebenswert und nicht erstrebenswert, bedeutsam und unwichtig. Eine Verletzung der Loyalität führt sofort zu Schuldgefühlen. Da weder die Bindung noch ihre Aufhebung, weder die Loyalität noch ihre Verletzung bewusst sind, haben diese Schuldgefühle oftmals extrem selbstdestruktiven Charakter", schreibt der Familien-psychologe Wolfgang Hantel-Quitmann.

Also begutachten wir doch auch einmal das derzeitige Verhältnis zu unseren Eltern:

* Fühlen Sie sich Ihren Eltern sehr verpflichtet?
* Ähneln sich Ihre moralischen Vorstellungen stark?
* Brauchen Sie immer noch die Bestätigung Ihrer Eltern?
* Haben Sie das Gefühl, Ihren Eltern etwas schuldig zu sein?
* Trauen Sie sich bestimmte Dinge nicht zu tun, weil Sie die gerümpfte Nase Ihrer Mutter vor dem inneren Auge haben oder Ihnen der abwertende Kommentar Ihres Vaters schon in den Ohren klingelt? Schränkt Sie das ein?
* Könnten die Schuldgefühle, die Sie manchmal haben, etwas damit zu tun haben, dass Sie gegen altbekannte elterliche Vorschriften verstoßen?

Den Blick in die Kindheit wagen und die eigenen Eltern wertschätzen

Viele Leute fürchten sich, das Verhalten ihrer Eltern genauer anzuschauen, weil sie vermuten, dass nichts Gutes dabei herauskommen wird. Andere wiederum wollen an ihrem Glauben an eine heile Kindheit nicht rütteln und schützen ihre Eltern vor jeglicher Kritik – und bringen sich selbst um wichtige Erkenntnisse, die sie in ihrem Leben durchaus weiterbringen könnten.

Wir wollen unseren Eltern nicht Unrecht tun, ihnen nicht die Schuld für unsere Probleme in die Schuhe schieben. Wir wollen nicht undankbar sein, da sie viel für uns getan haben.

Auch sie haben in der Regel ihr Bestes gegeben, auch wenn das für die Befriedigung des ein oder anderen kindlichen Bedürfnisses vielleicht nicht ganz gereicht hat oder sie es einfach nicht besser wussten oder konnten. Und auch sie hatten vielleicht eine schwierige Vergangenheit, eine Familiengeschichte, die sie möglicherweise belastet und emotional unfrei macht.

Das mag alles sein. Doch bevor wir allzu viel Verständnis für unsere Eltern aufbringen, sollten wir uns erstmal unserer eigenen möglicherweise schmerzhaften Kindheitserlebnisse bewusst werden und Verständnis für uns selbst entwickeln. „Die echte Vergebung führt nicht am Zorn vorbei, sondern durch ihn hindurch", sagt die Psychotherapeutin Alice Miller. Wir sollten uns also erlauben, wütend auf Mutter und Vater zu sein und auch die dahinterliegende Traurigkeit zulassen. Wir müssen unsere Eltern weder verherrlichen noch verdammen, denn sie sind ja auch nur ganz normale Menschen. Erst wenn wir durch Wut und Schmerz hindurchgegangen sind, können wir uns wirklich mit unserer Familiengeschichte aussöhnen, unseren Eltern – wenn nötig – verzeihen und ihnen (wieder) mit der nötigen Wertschätzung begegnen.

Dürfen Mütter blöd sein? Typische Gewissensfallen im Erziehungsalltag und wie man sie umgeht

Hilfe, Bestechung! Die materielle Verwöhnungsfalle

Wir alle wissen, dass ein schlechtes Gewissen uns dazu verleiten kann, die merkwürdigsten Dinge zu tun: Wir kaufen unseren Kleinen schon wieder eine Barbiepuppe oder ein Spielzeugauto, laden sie zu einem XXL-Eis ein oder versprechen ihnen eine Reise ins Disneyland – als Wiedergutmachung für irgendein vermeintliches oder tatsächliches „Fehlverhalten" oder „Versagen".

Häufiger Anlass, das Kind mit Süßigkeiten oder attraktiven Ausflugsangeboten gutmütig zu stimmen, ist das Gefühl, nicht genug Zeit mit ihm zu verbringen. Doch was vordergründig den Anschein erweckt, angenehm oder gut für das Kind zu sein, ist in Wirklichkeit ein geschicktes Ablenkungsmanöver unseres Gewissens. Wir wollen es besänftigen, unser geschundenes Selbstbild aufpeppen. Wir schenken, geben, tun etwas für unsere Kinder, *um uns selbst besser zu fühlen.*

Sind das Geschenke, die unsere Kinder wirklich haben wollen? Wohl kaum. Ein Geschenk aus schlechtem Gewissen ist ein hilfloser Bestechungsversuch, der an der Situation nichts ändert und dem Kind signalisiert, dass es bitte keine Unmutsgefühle mehr zu äußern habe. Prädikat: Äußerst zweifelhaft! Bestes Mittel dagegen: Motivation überprüfen! Was will ich eigentlich erreichen? Ist es nicht besser, dem Kind einfach zu sagen: „Ich freue mich so, dass ich jetzt endlich Zeit für dich habe"? Wäre das nicht ein viel ehrlicheres und schöneres Geschenk?

Lieber vorher „Ja" sagen als nachher ein schlechtes Gewissen haben: Schuldgefühle und Konfliktvermeidung

Um Konflikte und eventuell dazu gehörende Schuldgefühle zu vermeiden, erlauben Eltern ihren Kindern manchmal Dinge, die sie eigentlich nicht in Ordnung finden, drücken in ungünstigen Situationen ein Auge zu oder nehmen ihnen Arbeiten ab, die sie selbst erledigen könnten: lieber den Kindern alles durchgehen lassen, als in den Ruf zu geraten, eine uncoole Mutter zu sein. Wir gehen Streitereien aus dem Weg, um nicht verdächtigt zu werden, eine spießige Spaßbremse oder Meckerziege zu sein. Weder wollen wir von anderen so wahrgenommen werden, noch wollen wir uns selber so wahrnehmen!

Manche Eltern suchen sogar dauerhaftes Einverständnis mit ihren Kindern: Sie erhoffen sich paradoxerweise, dass die Kinder es erlauben, dass man ihnen etwas verbietet, damit sich Mutter oder Vater nicht schlecht fühlen müssen. Eltern, so weiß der Jugendtherapeut Wilhelm Rotthaus, „begnügen sich häufig damit, an die Einsicht ihrer Kinder zu appellieren, d. h. zu fordern, die Kinder möchten das doch freiwillig tun, was klar zu fordern und durchzusetzen sie sich nicht trauen oder in der Lage sehen".

Wir sollten lernen, ohne schlechtes Gewissen „Nein" zu sagen und unsere Grenzen deutlich zu machen – auch wenn wir damit den Prostest der Kinder heraufbeschwören. Denn, so Rotthaus: „Konfliktfreie Erziehung gibt es nicht, erscheint noch nicht einmal erstrebenswert, weil es für Kinder wichtig ist zu lernen, dass Konflikte ausgetragen werden können, ohne dass die Beziehungen Schaden nehmen."

Spätestens in der Pubertät ist es ja unser Haupt-Job, blöd und peinlich zu sein. Wer in dieser Phase Reibereien und Auseinandersetzungen verhindern und lieber die beste Freundin des Teenies bleiben will, macht es ihm nur unnötig schwer, sich abzunabeln und seinen eigenen Weg ins Erwachsenenleben zu finden.

„Ist doch nicht so schlimm!"
Kinderkummer und Abwehrstrategien

Eltern können Kummer und Trauer ihrer Kinder schlecht aushalten. Keine Mutter freut sich, wenn es den Kleinen nicht gut geht, sie Sorgen haben oder frustriert sind. Wer im Hinterkopf aber die Schuldfrage stellt und das Schluchzen des Kindes als Angriff auf die mütterliche Kompetenz empfindet, wird es noch schwerer haben, empathisch auf die

Gefühlszustände des Kindes zu reagieren. Wir benutzen Schuldgefühle wie ein Schutzschild und wehren unbewusst den Kummer ab. „Da bist du selber schuld dran. Hättest du mal auf mich gehört!" ist ebenfalls ein häufig anzutreffender elterlicher Abwehrmechanismus.

Eine andere Variante ist, den Schmerz des Kindes gleich zum eigenen zu machen: Wenn wir aber lauthals mitjammern, sind wir auch alles andere als der sprichwörtliche Fels in der Brandung.

Oft trösten Eltern Kinder auch über ihren Schmerz hinweg, statt ihnen ausdrücklich zu gestatten, zu weinen oder wütend und traurig zu sein. Vielleicht erlauben wir uns selber nicht, traurig oder wütend zu sein, und müssen so auch die Tränen unserer Töchter und Söhne von uns fernhalten?

Wenn wir uns wegen der Gefühle unserer Kinder Schuldgefühle machen, löst das bei ihnen womöglich wiederum Schuldgefühle aus. Denn *ihre* unangenehmen Empfindungen sind ja die Auslöser *unserer* unangenehmen Empfindungen! Kinder wollen uns aber nicht belasten und behalten vielleicht ihren Kummer fortan lieber für sich.

Den Kummer auszuhalten, den eine von uns geliebte Person durchleidet, fällt uns natürlicherweise schwer, besonders wenn wir nicht in der Lage sind, uns von diesem Kummer abzugrenzen. Deshalb sollten wir lernen, die Gefühle der Kinder von unseren eigenen zu trennen. Wenn wir uns schlecht fühlen, weil es unserem Kind schlecht geht, dann ist das zwar nicht immer zu vermeiden, es ist aber weder die Absicht des Kindes noch in seinem Interesse. Mit der Haltung, dass Kinderkummer sein darf und kein Zeichen des eigenen Versagens ist, können wir dann auch das authentische Gegenüber sein, das ein ärgerliches, bekümmertes oder enttäuschtes Kind braucht.

Grenzenlos geduldig? Wie Schuldgefühle uns daran hindern, das Nötige zu tun

Schuldgefühle führen manchmal unbewusst dazu, dass Eltern ihren Kindern einen unangemessen großen Schonraum bieten und ihnen infolgedessen zu wenig Verantwortung abfordern. Dazu ein Beispiel, das für sich selber spricht:

Christina B. meldete sich bei einer Erziehungsberatungsstelle. Sie mache sich große Sorgen um ihren 15-jährigen Sohn. Schon seit zwei Jahren schwänze er immer wieder für längere Zeit die Schule, und überhaupt mache er einen sehr deprimierten Eindruck. Christina B. zeigt sehr viel Verständnis für ihn und seine „schwierige Situation", er habe es ja schon als kleines Kind nicht leicht gehabt. Kurz vor seiner Geburt starb nämlich sein Bruder bei einem Unfall. Christina B. hatte stets ein schlechtes Gewissen ihrem Sohn gegenüber, da seine Geburt und auch die ersten Jahre seiner Kindheit von ihrer großen Trauer um den verlorenen Sohn überschattet waren. „Da hat er sicher auch was von gemerkt", sagt sie. Da ihr dieser Umstand heute noch leidtut und sie sich für sein mieses Lebensgefühl verantwortlich fühlt, erträgt sie geduldig seine Schulschwänzerei. Es fällt ihr schwer, ihm gegenüber eine klare Haltung einzunehmen und ihn mit der Forderung zu konfrontieren, regelmäßig zur Schule zu gehen. Dass dies aber genau das ist, was der pubertierende Sohn braucht, kann sie nicht sehen.

Erst nach mehreren Beratungsgesprächen fühlte sie sich stark genug, das Verhalten des Sohnes nicht mehr länger leidend hinzunehmen, sondern ihm gegenüber eine deutliche und konsequente Position zu vertreten und ihn aufzufordern, zur Schule zu gehen.

„Was habe ich bloß falsch gemacht?"
Selbstvorwürfe in schwierigen Phasen

Tauchen belastende Probleme innerhalb der Familie auf, fragen sich Mütter schnell, ob sie daran „schuld" sind, und zweifeln oft ihre gesamte Erziehungsarbeit an. Wenn Eltern aber mehr mit der Suche nach den eigenen (vermeintlichen) Fehlern beschäftigt sind, stehen sie damit einer Überwindung der Schwierigkeiten im Weg. „Schuldgefühle sind kein guter Erziehungsratgeber", meint auch der Erziehungsberater Christoph Eichhorn: „Denn sobald Eltern bei ihrem Kind Probleme zu sehen glauben oder tatsächlich Probleme vorhanden sind, stellen viele Väter und Mütter all das in Frage, was sie bisher in der Erziehung geleistet haben, und untergraben damit ihr spontanes Selbsthilfepotenzial."

Viele Eltern wehren die Möglichkeit einer Beteiligung am Problem schon im Vorfeld ab und neigen dann dazu, *Probleme mit dem Kind* als das *alleinige Problem des Kindes* zu betrachten. Oder es werden Sündenböcke gesucht: Plötzlich ist der Vater schuld, der sich zu selten blicken lässt, die Lehrerin, die Mädchen eben lieber mag, oder der Nachbarsjunge, der einen schlechten Einfluss auf unser Kind hat.

Doch all das bringt uns nicht weiter. Hilfreich wäre, wirklich hinzuschauen und sich ganz pragmatisch zu fragen: Was braucht mein Kind? Was erreicht es mit seinem Verhalten? Seit wann ist es so? Welche Ursachen könnte sein Verhalten haben? Mit wem kann ich darüber sprechen?

In der Familienpsychologie weiß man, dass Schwierigkeiten der Kinder oft Ausdruck innerfamiliärer Spannungen und ungelöster elterlicher Konflikte sind. „Verhaltensauffällige" Kinder sind also häufiger „Symptomträger" als das eigentliche Problem. Sie deuten auf Störungen innerhalb des Systems hin, die andere Familienmitglieder nicht wahrnehmen oder nicht wahrhaben wollen. Oft lösen sich merkwürdige Verhaltensweisen der Kinder in Wohlgefallen auf, wenn Eltern ihre eigenen Konflikte klären, wie in folgendem Fall:

Ein 10-jähriger Junge ließ immer mal wieder Kleinigkeiten in einem Kaufhaus mitgehen und wurde dabei mehrfach erwischt. Die Eltern waren sauer und ratlos. Sie kamen in eine Beratung, in der Hoffnung, hier zu erfahren, wie sie das Klauen ihres Sohnes unterbinden könnten. Auf die Frage der Familienberaterin, was denn zu Hause passiere, wenn er etwas gestohlen habe, antwortete der Junge überraschenderweise, dass Mama und Papa dann miteinander redeten und sogar ausnahmsweise mal einer Meinung waren.

Sein (unbewusstes) Bestreben lag also nicht etwa darin, etwas zu besitzen, was er sich nicht kaufen konnte, oder gar jemanden zu ärgern, sondern er wollte die zerstrittenen und kommunikationslosen Eltern zusammenführen!

Kaum hatten die Eltern eine Paartherapie begonnen und angefangen, sich um ihre Eheprobleme zu kümmern, hörte der Sohn mit dem Stehlen auf.

„Das ist total ungerecht!" – Vorwürfe und Verstrickungen

Wer kennt das nicht: Kinder können uns heftige Vorwürfe machen. „Nie fährst du mich" oder „Immer muss ich den Müll runtertragen" sind da noch die harmlosen Varianten. Schlimmer wird es, wenn die verbalen Attacken direkt auf unser Gewissen zielen: „Für XY hast du immer Zeit, für mich nie" oder „YX hast du ja sowieso viel lieber als mich!" Das kann kränken. Denn wir wollen ja gerecht sein, unsere Liebe und Aufmerksamkeit gleichmäßig verteilen. Wie also mit solchen Vorwürfen umgehen? Sie radikal abwürgen, wie eine Mutter, die mir erzählte, sich Vorwürfe ihrer Kinder

„niemals gefallen zu lassen"? Oder von nun an versuchen, noch gerechter, noch bewusster, noch sensibler mit den Kindern umzugehen?

Natürlich sollten wir uns fragen, was das Kind uns eigentlich wirklich mitteilen will und ob an den Vorwürfen vielleicht doch was dran ist. Dann könnte eine Entschuldigung oder eine kleine Kurskorrektur durchaus nicht schaden.

Die Psychologen Haim Omer und Arist von Schlippe warnen in ihrem Konzept der „elterlichen Präsenz" aber davor, sich von Kindern in eine Schuldspirale hineinziehen zu lassen. Denn – so der logische Gedanke der Therapeuten – ein Kind, das sich zurückgesetzt fühle, könne niemals durch „Wiedergutmachungsversuche" davon überzeugt werden, dass es keinen Grund habe, sich zurückgesetzt zu fühlen. Eher trete sogar der gegenteilige Effekt ein, denn „die elterlichen Anstrengungen beweisen dem Kind nur, dass sie sich wirklich schuldig fühlen". Aus ihrer therapeutischen Praxis wissen Omer und von Schlippe, dass Eltern oft endlose Versuche unternehmen, um Schuldgefühle zu verhindern. „Es kommt uns so vor", schreiben sie, „als reagierten manche Eltern so panisch auf die bloße Möglichkeit des Schudigseins, dass sie keine Anstrengung scheuen, immer wieder ihre Unschuld herauszustellen."

Passen wir also auf, dass unsere Kinder unsere Schuldgefühle nicht zu ihren Gunsten instrumentalisieren: „Viele Kinder verstehen es meisterlich, aus dieser elterlichen Schwachstelle Vorteile zu ziehen. Sie wissen, dass die geringste Zuschreibung von Ungerechtigkeit genügt, die stärksten elterlichen Bemühungen auszulösen, das Gegenteil zu beweisen." Wenn Sie also das Gefühl haben, dass Ihre Kinder Ihr schlechtes Gewissen nutzen, um daraus Profit zu schlagen: Bekennen Sie sich im Sinne der Anklagen Ihres Kindes schuldig, allerdings ohne von den Forderungen, die Sie an sie stellen, abzulassen, und ohne getroffene Entscheidungen zu revidieren: „Ja, ich bin ungerecht. Und ich möchte, dass du dein Zimmer aufräumst." Geht doch!

Der Klassiker: Schuldgefühle der berufstätigen Mutter

Hinlänglich bekannt sind die Schuldgefühle, die Frauen überfallen, wenn sie berufstätig sind und nicht rund um die Uhr für ihre Kinder sorgen können oder wollen. Noch heute gilt dies in konservativen Kreisen als verpönt, besonders, wenn es keine finanzielle Notwendigkeit zu geben scheint, sondern der Job in erster Linie der „Selbstverwirklichung" der Frau dient. Eva Herman hat diese lästige Diskussion aufs Neue entfacht und den moralischen Zeigefinger wieder öffentlich in Richtung berufstätiger Mütter erhoben. Doch davon sollten sich Mütter nicht allzu sehr irritieren lassen. Wir wollen unser Leben schließlich so gestalten, wie es sich für uns gut anfühlt – und wie es eben den Notwendigkeiten entspricht.

Und das schlechte Gewissen wird man schnell los: Es genügt schon – wie die Psychotherapeutin Burgel Geier rät – den Begriff der „Schuld" durch den der „Verantwortlichkeit" zu ersetzen:

„,Ich habe so ein schlechtes Gewissen, dass ich so wenig Zeit für mein Kind habe' lautet nun: ,Ich übernehme die Verantwortung dafür, dass ich so wenig Zeit für mein Kind habe'. Am besten spricht sie es laut und übertreibt noch ein bisschen: ,Ich übernehme die alleinige und die volle Verantwortung dafür'. Jetzt sollte sie genau darauf achten, wie sich das anfühlt. Entweder sie erkennt, dass sie die Verantwortung nicht in diesem Ausmaß dafür hat – und schon gar nicht alleine! Oder sie stellt fest, dass das, was sie tut, in Ordnung ist und es ihrem Kind und ihr selbst ganz gut geht. So kann sie nun die Verantwortung mit gutem Gewissen übernehmen, das schlechte Gewissen kann sie verabschieden."

Zeit für mich?
Die Schmach der (frühen) Fremdbetreuung

„Ich habe ein Riesenproblem damit, meine Tochter irgend-
wo abzugeben. Ich denke dann: ‚Eigentlich musst du dich
doch um sie kümmern, das ist doch dein Kind. Du
kannst doch nicht hier einfach alleine spazieren ge-
hen und deinen Spaß haben.‘ Ich habe dann ein total
schlechtes Gewissen. Ich hätte nie gedacht, dass ich mal
so eine Gluckenmutter werde.“ (Angelika, ein Kind)

Nicht nur in der Politik tobt immer wieder die heiße Debatte um die Fremdbetreuung von Kleinkindern. Auch Mütter
haben höchst unterschiedliche Ansichten darüber, ob und
wann sie ihre Kinder zu Tagesmüttern oder in Kinderkrip-
pen geben möchten. Ganze Ideologien prallen da aufeinander, und es gibt immer Moralprediger, die nicht müde werden, vehement zu betonen, wie wichtig es sei, dass Mütter
in den ersten drei Jahren bei ihren Kindern bleiben. Doch
muss jede Familie selber entscheiden, was für ihre jeweilige
Lebenssituation das Richtige ist, ohne ein schlechtes Gewissen haben zu müssen – und ohne von anderen dafür an-
gefeindet zu werden.

Überhaupt gibt es ein noch viel größeres Tabu, als Kinder
wegen eines Jobs in Krippe oder Kita abzugeben. Das nämlich scheint uns ja gerade noch legitim zu sein. Schließlich
verdienen wir unseren Lebensunterhalt, machen es uns nicht
in der „sozialen Hängematte“ gemütlich und fallen dem
Staat so nicht zur Last: Das rechtfertigt zur Not auch eine
frühe Fremdbetreuung.

Doch unsere Kinder „fremdparken“, um Spaß zu haben?
Um einfach mal nichts zu tun, in die Sauna zu gehen oder
mal gemütlich ein Buch zu lesen? Das kommt vielen dann
doch sehr egoistisch vor. Doch ist es das wirklich? Ich kenne

erschöpfte und übermüdete junge Mütter, die zu einem schwedischen Möbelhaus fahren, weil sie dort ihr kleines Kind ohne schlechtes Gewissen für eine Stunde im Kinderspielzimmer abgeben und endlich mal in Ruhe einen Kaffee trinken und die Zeitung lesen können. Warum nicht? Ist das verbotener Luxus? Vergeben wir uns etwas, wenn wir unser Kind der Freundin, der Nachbarin oder einer Babysitterin anvertrauen, weil wir einfach mal rausmüssen? Gestehen wir uns damit Schwäche ein?

In einer Mutter-Kind-Kur brachen Mütter reihenweise in Tränen aus, wenn sie ihre Kinder im Kindergarten abgeben sollten, um zur verordneten Massage, zum Sport oder zur Entspannung zu gehen, also um einfach mal etwas Gutes für sich selbst zu tun! Sind wir uns denn so wenig wert? Sind wir nur noch in unserer Funktion als Mutter wichtig?

Wohl kaum. Und wir sollten uns das kleine Vergnügen gönnen – um Kraft zu tanken, uns zu erholen oder um uns einfach mal wieder selbst zu spüren. Ganz ohne schlechtes Gewissen!

Ewig Wolke sieben?
Oder: Wieviel Liebe braucht das Kind?

„Der Gedanke, dass Mutterliebe nicht etwas Unumstößliches sei, widerstrebt uns zutiefst. Vielleicht, weil wir uns weigern, die absolute Liebe unserer eigenen Mutter infrage zu stellen." Elisabeth Badinter

Dass eine Mutter ihre Kinder liebt, halten wir für das Mindeste. Und wir finden es selbstverständlich, dass Liebe die einzig mögliche Grundlage ist, auf der gute Erziehung gelingen kann.

Der Psychologe Wilhelm Rotthaus ist da anderer Meinung. Seiner Erfahrung zufolge braucht ein Kind nicht ständig uneingeschränkt geliebt zu werden, um das zu bekommen, was es für seine Entwicklung braucht. „Kinder", so schreibt er, „sind nicht auf Liebe angewiesen, wie das oft fälschlicherweise behauptet wird."

Hört sich provokativ an? Vielleicht. Es ist aber eher entlastend gemeint.

Natürlich lieben Eltern ihre Kinder. Doch gerade in konfliktreichen Zeiten, wenn Eltern erschöpft, irritiert oder enttäuscht sind, können sie diese tiefe, innige Zuneigung zu ihren Kindern manchmal einfach nicht spüren. Was dann wiederum zu Stress und dem Gefühl führen kann, als Mutter oder Vater unzulänglich zu sein: „Die Forderung aber nach Liebe", schreibt Rotthaus, „kann gerade für solche Eltern, die ihre Aufgabe ernst nehmen und die zugleich ihre Gefühle ehrlich und ohne Heuchelei erfassen, zu einer unerträglichen Belastung und damit zu einem Hindernis werden, mit dem Kind in Kontakt zu treten."

Viel wichtiger als überschwängliche Liebe ist eine wohlwollende und respektvolle Grundhaltung den Kindern gegenüber, denn wenn sie „Aufmerksamkeit und Interesse, Fürsorge und Unterstützung, Achtung und Wertschätzung erfahren, bekommen sie alles, was sie für ihr Wohlbefinden und ihre Entwicklung benötigen".

Also quälen wir uns nicht mit Schuldgefühlen, wenn wir in verzwickten Situationen nicht ständig tiefe Liebe und Zuneigung empfinden können. Unter Druck entfaltet sich Liebe selten, denn Liebe „ist etwas, was sich in einer Beziehung einstellt oder auch nicht; man kann sie nicht kommandieren und nicht herbeizwingen". Aus der Entspannung heraus meldet sie sich dann ohnehin wieder – ganz von alleine.

Schreien, schimpfen, schlagen –
und jede Menge Schuldgefühle

Im Zusammenleben mit Kindern gibt es immer mal Situationen, in denen wir uns anders verhalten, als wir es eigentlich gut finden: vor Wut die Tür geschmissen, sinnlos rumgeschimpft; den Sohn genervt abgewimmelt, weil wir gerade versuchen, drei prall gefüllte Einkaufstüten ins Haus zu balancieren; oder dem Kleinen unwirsch eins auf die Hand geklapst, weil der meint, trotz mehrfacher Ermahnung der Schwester zum x-ten Mal an den Haaren ziehen zu müssen.

Besonders in Situationen, in denen wir uns hoffnungslos überfordert fühlen, verhalten wir uns oft nur noch reflexartig. Mütter sind manchmal erschüttert über ihre hitzigen Reaktionen und können sich ihre plötzlich überschießende Wut nicht so recht erklären. Häufig entstehen bei ihnen Schuldgefühle, weil sie wissen, dass sie unangemessen heftig auf ihre Kinder reagiert haben.

„Mütter, die ihre Kinder anschreien oder schlagen, tun dies meist in Situationen, in denen sie sich psychisch oder physisch überlastet fühlen", berichtet die Familientherapeutin Verena Förderer, die schon viele Jahre im Hamburger Kinderschutzzentrum mit Müttern arbeitet, die ihre Kinder schlagen. „So kommt es häufig vor, dass die körperlichen Kräfte der Mütter am Abend nachlassen und sie die Zubettgeh-Situation ihrer Kinder nicht mehr kindgerecht gestalten können. Das Kind ist müde und quengelig, die Mutter kraftlos und ‚leer'. In einer solchen Situation kann es dann zur Bedürfnis-Konflikt-Eskalation kommen, die die Mutter mit Schlägen zu beenden versucht."

Eine andere klassische Stress-Situation ist laut Verena Förderer das bei Kindern allseits beliebte morgendliche Bummeln und Trödeln: „Die Mutter gerät unter Zeitdruck und dadurch innerlich in Stress. Dieser Stress kann aus unterschiedlichen Ursachen resultieren; z. B. weil die Mutter an sich einen perfektionistischen Anspruch stellt und gesellschaftlich als Mutter gesehen werden möchte, die gut organisiert ist und eben nicht zu spät zum Kindergarten oder zur Arbeit kommt. Oder weil sie sich von ihrem Kind in ihrer Autorität und ihrem Selbstwert angegriffen fühlt. Diesen Stress kann sie schwer regulieren und daher das Problem, das sie meint mit dem Kind zu haben, nicht lösen. Sie gibt den Stress und die Verantwortung für die Situation an das Kind weiter, schreit das Kind an und schlägt es womöglich."

Viele Mütter wissen prompt, dass Sie ihren Kindern Unrecht getan haben, und fühlen sich schlecht dabei. Andere wiederum wehren unangenehme Gefühle ab und empfinden nichts. Manche legen sich das Geschehen im Nachhinein so zurecht, als wären sie im Recht gewesen, einige stilisieren sich selbst zum hilflosen Opfer des unkooperativen Kindes.

Wie man konstruktiv und verantwortungsbewusst mit seinem schlechten Gewissen umgehen kann, zeigt das folgende Beispiel:

Eine junge Mutter wandte sich an eine Erziehungsberatungsstelle. Sie habe, so erzählte sie sichtlich aufgelöst, ein furchtbar schlechtes Gewissen, weil sie ihren dreijährigen Sohn geschlagen habe. Sie habe ihn pünktlich zum Kindergarten bringen wollen, sei bereits unter starken Zeitdruck geraten und habe „nebenbei" auch noch das Baby versorgen müssen. Der Sohn habe sich nicht die Schuhe anziehen wollen und sich auch ansonsten sehr trotzig und verweigernd verhalten. Der Konflikt sei eskaliert, sie habe herumgeschrien und ihrem Kind eine deftige Ohrfeige verpasst, was ihr nun sehr leidtue. Ihr sei ohnehin schon öfter mal die Hand ausgerutscht, und weder sie noch ihr Mann fänden das gut.

Im Gespräch mit der Beraterin zeigte sich, dass die Mutter gestresst und insgesamt sehr erschöpft war, weil sie täglich alleine zwei kleine Kinder versorgen musste. Darüber hinaus machte ihr das (völlig altersangemessene) Verhalten des Sohnes Angst. Nach längerem gemeinsamen Überlegen mit der Beraterin fiel ihr auf, dass das Verhalten ihres Sohnes sie an schreckliche Erlebnisse aus ihrer eigenen Kindheit erinnerte, nämlich an das problematische und konfliktreiche Verhältnis ihrer Mutter zu ihrem jüngeren Bruder. Sie fürchtete, ihr Sohn könne auch ein so „schwieriges" Kind werden und sie selbst als Mutter scheitern. Am Ende des Gesprächs beschloss sie, sich Entlastung im Alltag zu holen und einen Kurs zur gewaltfreien Erziehung zu besuchen.

Wie man hier gut sehen kann, liegt der Ursprung für so manche Überreaktion tiefer in unserer Psyche verborgen, als wir gemeinhin annehmen.

Wer die Bereitschaft hat, etwas zu verändern, hat schon den ersten Schritt getan: „Ein ganz wesentlicher Moment ist die Entscheidung der Mutter, dass sie sich verändern möchte", weiß Verena Förderer aus ihrer langjährigen praktischen Erfahrung. „Die Mütter nehmen zu Beginn der Therapie ihre Gefühle von Scham, Schuld, Zweifel, Wut, Liebe und Unsicherheit wahr. Sie beginnen, ihre Situation zu erkennen und zu verstehen, und ergründen die Ursachen für ihr Verhalten. Das kann z. B. ein verdeckter heftiger Partnerschaftskonflikt sein, schlechte Erfahrungen mit der eigenen Mutter oder eigene Gewalterlebnisse in der Kindheit."

Ziel der therapeutischen Arbeit mit schlagenden Müttern ist es einerseits, herauszufinden, was ihren Alltag und ihre Beziehung zum Kind belastet und was sie aktuell zur Entlastung benötigen. Gleichzeitig werden die Ressourcen und Fähigkeiten herausgearbeitet, denn auch Mütter, die ihre

Kinder schlagen, sind nicht ausschließlich „unfähige" Mütter, wie sie oft selbst von sich glauben. In erster Linie geht es darum, besser mit den eigenen Gefühlen umgehen zu können und Empathie für das Kind zu entwickeln. Hilflosigkeit, Angst, Wut und Aufregung aushalten und akzeptieren zu können, ist ein wichtiges Lernziel auf dem Weg zu einer gewaltfreien Erziehung.

Der Weg aus einer Gewaltspirale ist also möglich, wenn Eltern bereit sind, an sich zu arbeiten. Das bestätigt Verena Förderer: „Die Mütter verstehen, dass das Kind nicht das eigentliche Problem ist, und sie können durch eine reflektierende und empathische Arbeit an sich ihr Ziel, eine sichere und vertrauensvollere Mutter für ihr Kind zu werden, erreichen."

„Ich könnte dich …!" –
Umgang mit Wut und Aggression

Aggressionen von Müttern sind nach wie vor ein tabuisiertes Thema. Wer gibt schon gerne zu, dass ein schreiendes Baby an unseren Nerven zerrt, ein widerspenstiges „Trotz-Kind" einen zur Weißglut treibt oder ein aufsässiger Teenager uns in völlige Hilflosigkeit versetzt? Wir wollen uns nicht als machtlos, sondern als souverän und handlungsfähig erleben. Das wird von uns erwartet, und wir erwarten es selbst von uns. Und außerdem entspricht eine ungeduldige oder sogar gehässige, wütende Mutter kein bisschen unserem Ideal der guten, geduldigen und verständnisvollen Super-Mami.

Dabei ist es ganz normal, ab und zu wütend auf die Kinder zu sein. In jeder intensiven Beziehung werden gelegentlich unangenehme oder gar als bedrohlich empfundene Gefühle hervorgerufen. Doch wo haben Frauen den legitimierten Raum, in dem sie ihre Aggressionen thematisieren können? Schwingt nicht immer die Angst mit, man könnte sie als kaltherzig und lieblos abstempeln?

Dabei kann es unendlich entlastend sein, einfach mal über seine Aggressionen zu sprechen und zu akzeptieren, dass sie da sind. In einem Elternkurs wurden die Teilnehmerinnen aufgefordert, ihrer Wut auf die Kinder verbal freien Lauf zu lassen: „Manchmal könnte ich dich …" lautete die zu ergänzende Formel, die es den Müttern ermöglichen sollte, den Frust zu artikulieren, den sie aus Scham in der Regel für sich behielten. Nach anfänglichem Zögern kamen nach und nach Gefühle zum Vorschein, die die Eltern selber nicht wahrhaben wollten und deshalb lange unterdrückt hatten. Allerlei wilde Verwünschungen wurden da laut, und zum Schluss waren sich alle einig, dass sie diese unfeinen Fantasien bisher noch nie zugelassen hatten. Nach dieser aufwühlenden Übung war die Stimmung in der Gruppe ausgelassen, und viele Mütter fühlten sich von einer schweren Last befreit.

Machen Sie die Übung doch auch einmal: „Ich könnte dich …"! Es muss ja keiner zuhören. Oder schreiben Sie auf, was Sie aggressiv macht und wie Sie manchmal am liebsten reagieren würden. Nur weil man etwas formuliert, wird es noch lange nicht zur Realität. Wahrscheinlich ist sogar eher das Gegenteil der Fall: Wer sich prinzipiell gestattet, auch mal wütend zu sein, braucht seinen angestauten Frust vermutlich nicht in einem unangemessenen Moment an seinen Kindern auszulassen.

Unfair und ungerecht?
Das eigene Verhalten verstehen lernen

Wenn wir uns tatsächlich unseren Kindern gegenüber unfair verhalten oder sie sogar gedemütigt oder geschlagen haben, sollten wir uns damit beschäftigen. Klar, dass das unangenehm ist. Trotzdem sollten wir uns eingestehen, dass wir in dieser bestimmten Situation und zu diesem Zeitpunkt aus irgendeinem Grund nicht fähig waren, anders, angemessener, „besser" zu handeln.

Sein unangemessenes Verhalten zu verstehen heißt nicht, es schönzureden, zu verharmlosen oder damit einverstanden zu sein! Doch in der Rückschau auf Krisensituationen können wir eine Menge über uns lernen: Was regt uns auf, was macht uns hilflos? Wann fühlen wir uns in die Ecke gedrängt und haben das Gefühl, (verbal) zurückschlagen zu müssen? Rückblickend sein Verhalten zu durchschauen ist eine gute Basis dafür, später in ähnlichen Situationen bewusst anders reagieren zu können.

- ☀ Wie war meine Stimmung vorher: War ich besonders guter Laune? War ich ohnehin schon gereizt?
- ☀ Wie haben sich meine Gefühle entwickelt? Wie bin ich in diesen Gefühlszustand hineingeraten?
- ☀ Wann ist die Situation gekippt?
- ☀ Wie könnte ich mich zukünftig rechtzeitig aus der eskalierenden Situation herausziehen?
- ☀ Kenne ich diese Gefühle von früher?

Wer oft in Gefühlszustände von Hilflosigkeit und in eine Gewaltspirale zu geraten droht, sollte seine Scham überwinden und sich professionelle Hilfe holen – es lohnt sich!

Um Entschuldigung zu bitten heißt nicht, sich zu rechtfertigen

Wenn wir ungerecht waren und das im Nachhinein einsehen, tun wir gut daran, den Betroffenen um Entschuldigung zu bitten. Das heißt nicht, das eigene Verhalten wortreich zu erläutern und zu rechtfertigen. Eine Aussage wie „Sorry, aber du hast mich mit deinem Verhalten zur Weißglut gebracht", schiebt die Schuld nur wieder dem Gegenüber zu.

Ein Kind ist aber nie „selber schuld", wenn wir es unfair behandeln, beschimpfen oder schlagen. Wie wir uns benehmen, liegt *immer* in unserer eigenen Verantwortung, auch wenn sich das Kind unserer Ansicht nach noch so unmöglich verhalten hat.

Wer sich aufrichtig entschuldigen will, redet ausschließlich von sich: „Ich habe mich sehr aufgeregt und bin ungerecht dir gegenüber geworden. Das tut mit leid." Bei sich und seinen Gefühlen zu bleiben ist eine Kunst, die wir manchmal erst noch lernen müssen.

Übrigens kann man nur *um Entschuldigung bitten*, sie aber nicht einfordern. Ob derjenige, den wir gekränkt oder verletzt haben, unsere Entschuldigung annimmt oder sie ablehnt, darf er ganz allein entscheiden.

Das schlechte Gewissen als zweifelhafte Erziehungsmethode

Moralisieren, festschreiben, urteilen: Schuldgefühle als Druckmittel

Mit Schuldgefühlen wurde in der Kindererziehung immer schon gearbeitet, teils bewusst, aber auch häufig unbewusst. Schuldgefühle sind nämlich ein universell einsetzbares und effektives Mittel, um Abhängigkeiten zu schaffen, zu erhalten und zu stärken. Wer seine Kinder fügsam und gehorsam machen möchte, appelliert möglichst häufig an deren Gewissen und warnt, dass unerwünschtes Verhalten „Mami und Papi ganz traurig macht". Da Kinder ihre Eltern aber nicht enttäuschen wollen, weil sie von ihnen abhängig sind und geliebt werden wollen, sind sie dieser emotionalen Erpressung hilflos ausgesetzt.

Fatal sind elterliche Pauschalurteile und Festschreibungen, die die Persönlichkeit des Kindes herabwürdigen („Du bist ein schlechtes Kind", „Du bist frech und ungezogen" usw.). Denn das Kind lernt, dass sein als schlecht bewertetes Verhalten negative Rückschlüsse auf seinen Wert als Mensch zulässt („Weil ich mich falsch verhalte, bin ich ein schlechtes Kind"). Und genau so entstehen Schuldgefühle. Wer schon in jungen Jahren so programmiert wird, wird sich auch als Erwachsener diesen Kriterien unterwerfen und dazu neigen, unter Schuldgefühlen zu leiden.

„Mach mich glücklich!" –
Wenn wir Kindern zuviel Verantwortung aufbürden

Wenn unsere Kinder uns froh und stolz machen sollen, setzen wir sie damit ziemlich unter Druck. Kinder fühlen sich dann zuständig für das Glück ihrer Mütter und Väter, wollen ihnen alles recht machen, ihren Erwartungen mehr als genügen. Damit sind Kinder immer überfordert, nicht nur wenn sie in der Schule schlechte Noten schreiben, beim Fußball nicht genug Tore schießen oder nicht immer nur niedlich und fröhlich sind. Denn Kinder spüren schnell, wenn sie den Ansprüchen der Eltern nicht genügen, und fühlen sich dann schuldig an deren Unzufriedenheit.

Kinder sind ihren Schuldgefühlen schutzlos ausgeliefert, da sie sie weder als solche erkennen noch thematisieren können. Reagieren sie dann trotzig und rebellieren gegen die überzogenen elterlichen Anforderungen, enttäuschen sie ihre Eltern nur noch mehr – was dann bei den Kindern wiederum zu Schuldgefühlen führen kann usw.

Wir sollten Kinder deshalb unbedingt aus der Pflicht entlassen, für unser Wohlbefinden zu sorgen und uns Bestätigung zu verschaffen. Wir selber sind für unser Lebensglück verantwortlich, niemand sonst.

Um Missverständnissen vorzubeugen: Wir können durchaus von unseren Kindern erwarten, dass sie uns ebenso freundlich und respektvoll begegnen wie wir ihnen. Aber Eltern haben keinen naturgegebenen Anspruch darauf, dass das Kind ihren Selbstwert zu heben, eigene Minderwertigkeitsgefühle auszugleichen oder stets ihren Vorstellungen entsprechend zu leben hat.

Gleichermaßen ist es natürlich schön, wenn wir uns über unsere Kinder freuen und stolz auf sie sein können. Es ist aber ein Unterschied, ob ich erwarte, dass das Kind mich stolz macht, um mich dann auch wiederum als Mutter kompetent fühlen zu können, oder ob ich mich einfach so – quasi aus Versehen – über mein Kind freue. Im ersteren Fall knüpfe ich meine Liebe an Bedingungen, die das Kind zu erfüllen hat. In letzterem ist die Freude zweckfrei und muss vonseiten des Kindes nicht erst erworben werden. Es braucht dann nichts Besonderes zu leisten, um den Eltern Freude zu bereiten, es darf dann einfach so sein, wie es eben ist.

„Wer war das?" – Die Suche nach dem Schuldigen

„Was hast du da gemacht?" – „Wer hat mit dem Streit angefangen?" Die Suche nach dem „Schuldigen" im Familienalltag ist für uns fast selbstverständlich. Doch was bringt es uns eigentlich, wenn wir einen vermeintlichen Verursacher dingfest gemacht haben? Gerade in Kinderstreitigkeiten ist ein Alleinschuldiger meistens ohnehin nicht auszumachen, da sich die Kleinen (ähnlich wie die Großen) in schöner Regelmäßigkeit gegenseitig die Schuld zuschieben. „Der hat angefangen!" ist eine früh gelernte Abwehrstrategie. Schon ganz kleine Kinder wissen, dass man nicht „schuld" sein darf. „Ich war das nicht!" war der erste vollständige Satz meines damals dreijährigen Sohnes, kurz nachdem er in den Kindergarten gekommen war.

Auch in Unternehmen gilt die Suche nach einem Schuldigen nicht als konstruktive Konfliktlösungsstrategie. Im Gegenteil: In einer Unternehmenskultur, in der viel mit Schuldzuschreibungen gearbeitet wird, dominiert die Angst vor Fehlern. Angst belastet das Betriebsklima und hemmt die Kreativität der Mitarbeiter. Wer später nicht schuld sein will, riskiert lieber nichts und hortet präventiv Beweise, die ihn im Zweifelsfall entlasten könnten. Er investiert viel Zeit und Energie in seinen Selbstschutz und ist aus Angst natürlich auch leicht geneigt, andere anzuschwärzen.

Hat ein (größeres) Kind wirklich Schaden oder Kummer verursacht, ist Ursachenforschung nötig, und es hat dafür seinem Alter entsprechend die Verantwortung und die Konsequenzen zu tragen. Die Suche nach einem Schuldigen allein bringt aber keine Lösung des Konfliktes. „Was hat dich denn so wütend gemacht?" oder „Was können wir jetzt machen, um das Problem gemeinsam zu lösen?" wären sinnvollere Fragen, auf die wir vielleicht auch aufschlussreiche Antworten finden können.

„Warum hast du ..."? – Die Rechtfertigungsfalle

„Warum hast du deine Hausaufgaben vergessen?" – „Wieso hast du gelogen?" Wie von selbst sprudeln Fragen aus uns heraus, die Kinder in ausweglose Rechtfertigungssituationen hineinkatapultieren. Doch können wir ernsthaft erwarten, dass wir aussagekräftige Antworten bekommen?

Kinder haben immer irgendeine Motivation, etwas zu tun oder zu lassen, ob wir diese nun verstehen oder nicht. Wir überfordern Kinder, wenn wir plausible Erklärungen für ihr Handeln erwarten. Die eigene Verhaltensweise zu verstehen, erfordert ein hohes Maß an selbstreflexiven Fähigkeiten, die meistens nicht einmal Erwachsene besitzen!

Ich war erschüttert, als in einer Fernsehreportage eine Grundschullehrerin sich einen etwa sechsjährigen Schüler vorknöpfte und ihn wiederholt vorwurfsvoll fragte, warum er heute nicht ordentlich mitarbeite und nicht auf seinem Platz sitzen bleibe. Er blieb stumm und blickte sie hilflos und schuldbewusst an. Er verstand, dass sein Verhalten nicht in Ordnung war, aber was sollte er ihr bloß antworten? Erwartete sie ernsthaft eine Antwort wie „Ich habe Konzentrationsschwierigkeiten" oder „Ich habe das Bedürfnis, mich zu bewegen" oder „Dein Unterricht ist langweilig und ich habe keine Lust, mitzumachen"? Mit gesenktem Kopf und immer noch schweigend ging der Junge zu seinem Platz zurück. Muss eine Pädagogin ihren Schützling so beschämen? Was hat sie erreicht, außer dem Jungen ihre eigene Hilflosigkeit überzustülpen?

Es kann sehr demütigend sein, auf solche Art zur Rechenschaft gezogen zu werden. Was wir selbst nicht mögen, sollten wir unseren Kindern auch ersparen. Das Einzige, was wir mit der Frage nach dem Warum in der Regel erreichen, ist, ihnen Schuldgefühle zu machen.

Wenn wir wirklich verstehen wollen, was unser Kind dazu bewogen hat, einem anderen die Schaufel über den Kopf zu hauen, ein Spielzeugauto zu klauen oder vom Schulstuhl aufzuspringen, müssen wir uns viel mehr Mühe geben. Oder wir lassen es einfach stehen und sagen klipp und klar: „Ich möchte nicht, dass du haust", „Ich möchte nicht, dass du klaust. Ich finde das nicht in Ordnung."

„Gute erzieherische Gespräche zeichnen sich dadurch aus, dass sie wenig problemzentriert sind, sondern vor allem ressourcen- und lösungsorientierten Charakter haben, dass sie das erwünschte Verhalten zum Thema machen und vor allem über die vielen kleinen, schon gelungenen Schritte hin zu dem angestrebten Ziel geführt werden", meint der Psychologe Rotthaus. Das wissen offensichtlich nicht einmal pädagogische Fachkräfte, denen wir unsere Kinder täglich anvertrauen. Aber wir können mit konstruktiver Konfliktlösung zu Hause ja schon einmal anfangen.

Strafe muss sein? Kindliches „Fehlverhalten" und die Folgen

Der Staat bestraft Menschen, die gegen das Gesetz verstoßen. Ob Geldbuße oder Freiheitsentzug: Niemand bezweifelt, dass es notwendig ist, einen Autoraser zur Kasse zu bitten oder einen Schwerverbrecher einzubuchten. Wortreiches Zureden würde wohl nicht verhindern, dass jemand zum Wiederholungstäter wird. Also greift der Gesetzgeber zu Strafmaßnahmen, auch im Sinne des Volkes, um dieses zu schützen.

Warum also nicht auch im Erziehungsalltag mit Strafen drohen und arbeiten? Tatsächlich ist Bestrafung von „Fehlverhalten" immer noch ein gängiges Erziehungsmittel. Körperliche Züchtigung wurde nun zwar endlich aus dem legalen Werkzeugkoffer der Erziehung gestrichen, und auch der viel zitierte „kleine Klaps", der angeblich „noch niemandem geschadet habe", wird zum Glück immer kritischer gesehen. Doch was ist mit Hausarrest? Was bewirken wir mit Fernsehverbot und Taschengeldabzug?

Natürlich müssen Eltern auf unerwünschtes Verhalten ihrer Kinder irgendwie reagieren. Wir müssen das Problem deutlich benennen und müssen klar sagen, was wir von ihnen erwarten. Und natürlich müssen Kinder die natürlichen oder logischen Konsequenzen ihres Verhaltens tragen.

Doch achten wir einmal darauf, was uns zur Verhängung von Strafen verleitet: Ist es nicht oft genug einfach Hilflosigkeit? Wollen wir unseren Kindern eigentlich nur ein schlechtes Gewissen einimpfen, damit wir uns wieder als handlungsfähig erleben können? Schieben wir pädagogisch klingende Argumente vielleicht nur vor, um den Kleinen unsere Dominanz zu demonstrieren? In der Tat erleben Kinder viele Bestrafungs-Aktionen als bloßen Ausdruck von Willkür und Machtgebaren der Erwachsenen.

„Kinder sind bereit, ihr Verhalten zu verändern – auch ohne Bestrafungen –, wenn sie erleben, dass das Verhalten der Eltern ihnen gegenüber fair und von respektvollem Umgang miteinander gekennzeichnet ist", meint auch die Psychologin und Familientherapeutin Paula Honkanen-Schoberth. Muss Strafe also doch nicht sein?

5

Lieben, putzen, Geld verdienen:
Mütter im Dauereinsatz

*„Eine Mutter muss wohl hundert Herzen haben und
tausend Hände."* (Russisches Sprichwort)

Mutter werden ist nicht schwer?
Schwangerschaft und der Stress mit dem Stress

Es gibt kaum eine Zeit im Leben einer Frau, der so viel öffentliche Aufmerksamkeit gewidmet wird wie der Schwangerschaft. Kein Hochglanzprospekt, keine Broschüre, keine Elternzeitschrift, die nicht darauf hinweist, in welch besonderem Umstand sich die Schwangere nun befindet. Hatte sie bislang ein einigermaßen selbstbestimmtes Leben geführt, in das ihr kaum jemand reinzureden wagte, wird sie sich ab jetzt einer Flut von Ratschlägen ausgesetzt sehen. Sie trägt schließlich nicht mehr nur für sich selbst, sondern auch für das Ungeborene die uneingeschränkte Verantwortung. Grund genug, sie ab sofort mit zahlreichen Verhaltensvorschriften zu überhäufen. Jeder weiß, was nun gut für sie ist und was sie sich von nun an zu verkneifen hat. Und alle scheinen jetzt zu erwarten, dass sie immer das selige Lächeln auf den Lippen trägt wie die weich gezeichnete Schwangere in der Illustrierten, die, entspannt in einem Schaukelstuhl sitzend, ihre Hände zärtlich auf ihren hübsch gerundeten Bauch gelegt hat.

Ganz gleich, ob einer Schwangeren speiübel ist, ob sie von Ängsten geplagt wird, sich über die Zukunft Sorgen macht, sich allein oder aufgeschwemmt fühlt: Über allem schwebt der diffuse Anspruch, sich in Gelassenheit zu üben und sich freuen zu müssen.

„Wussten Sie übrigens, dass nur Sie sich unförmig finden in dieser Zeit? Für alle, die nicht in Ihrer Haut stecken, ist der Bauch hinreißend! So sollten Sie das auch sehen – eine positive Einstellung macht die Sache viel leichter", lautet ein Werbetext für ein Schwangerschaftsöl. Welche Polemik: Für alle anderen ist Ihre Schwangerschaft doch auch kein Problem! Also mehr positive Grundeinstellung bitte! Auch wenn sich viele Mitmenschen gar nicht verständnisvoll zeigen oder sogar offen ihre negative Einstellung zur Schwangerschaft zum Ausdruck bringen: Bitte stets fröhlich bleiben!

„Es scheinen nur noch Ausnahmeschwangere die Geburtsvorbereitungskurse zu bevölkern", schreibt urbia.de-Chefredakteurin Petra Fleckenstein ironisch. „Gewichtszunahme nicht über zehn Kilo und niemals Sorgen, dass das Baby nicht gut wachsen könnte – überströmender Optimismus ist angesagt. Und schlapp sind die neuen Turbo-Mamas schon gar nicht. Stattdessen sieht man sie im Fitness-Studio noch im 9. Monat, gehüllt in hippe Umstandsfummel und auch zwei Tage vor dem errechneten Geburtstermin noch ekstatisch tanzend auf dem U2-Konzert."

Doch bei aller gewollten Lockerheit wissen wir, dass auch in Zeiten von Pille und anderen Verhütungsmethoden viele Kinder aus Versehen gezeugt werden und der anschließende Konflikt dann unvermeidbar ist. Eine Frau kann heute zwar entscheiden, ob sie das Kind austragen will. Lässt sie es „abtreiben", sind Schuldgefühle nicht zu umgehen, denn in vielen gesellschaftlichen Bereichen gilt das schließlich noch als Mord.

Entscheidet sie sich für das Kind, ist die Schwangerschaft zunächst trotzdem eine ungewollte. Mit der Zeit entwickeln die meisten schwangeren Frauen eine Beziehung zu ihrem Ungeborenen, und Freude stellt sich ein. Doch manchmal ist das ein zäher Prozess, der mit so manchen Gefühlswallungen einhergeht. Und was, wenn der Partner an ihrer Seite nicht wirklich entzückt ist oder sie sogar sitzen lässt?

Aber auch sehnlich erwünschte Schwangerschaften sind natürlich nicht immer nur ein „Zuckerschlecken". Wer lange warten oder gar medizinisch nachhelfen musste, wird sich der Achterbahnfahrt der Hormone, Sorgen und Gefühle auch nicht ganz entziehen können. Das ersehnte Dauerglück ist die Schwangerschaft dann leider auch nicht immer.

Geradezu grotesk mutet es daher an, Schwangeren nahezulegen, sich jeden Stress vom Hals zu halten. Als ob das immer so einfach wäre! Natürlich wird eine werdende Mutter sich den Umständen entsprechend zu schonen versuchen. Doch hat sie bereits kleine Kinder zu versorgen, findet sie wohl eher selten Zeit, die Beine hochzulegen oder täglich einer längeren Meditation zu frönen. Wer berufstätig ist, kann auch hier nur bedingt auf Schonung hoffen. Und finanzielle Nöte oder Beziehungsprobleme lassen sich nicht einfach eliminieren, nur weil „frau" eben zufällig mal schwanger ist.

„Der beruhigende Herzschlag einer ausgeglichenen, zufriedenen Mutter, die sich auf ihr Kind freut, fördert die emotionale und gesunde Entwicklung. Am allerwichtigsten für das Kind ist es also, dass es sich angenommen, geliebt und erwünscht fühlt", heißt es auf einem Gesundheitsportal im Internet. Na, das haben wir uns schon fast gedacht. Und wir hätten es ja auch gerne selber so. Nur handelt es sich hier um einen Idealzustand, den noch nicht einmal die allerglücklichste Schwangere dauerhaft halten kann. Soll sich eine werdende Mutter, deren Herzschlag nicht ununterbrochen beruhigend für das Ungeborene schlägt, nun etwa schämen? Sich grämen? Oder sich dauernd um die Gesundheit ihres Kindes sorgen? Das ist doch wieder nur zusätzlicher Stress.

In ihrem Bestseller *Warum Männer nicht zuhören und Frauen schlecht einparken* behaupten Allan und Barbara Pease, dass Stress in der frühen Schwangerschaft aus dem männlichen Embryo später einen schwulen Mann mache: „Wenn ein Embryo männlich ist und während der frühen Phasen der Schwangerschaft die Ausschüttung von Testosteron unterdrückt wird, erhöht sich die Wahrscheinlichkeit, dass ein mädchenhafter oder homosexueller Junge geboren wird, um ein Vielfaches …"

Ihr passgenauer Ratschlag lautet: „Wenn Sie sich also mit dem Gedanken tragen, schwanger zu werden, wäre es eine gute Idee, eine längere Pause einzulegen und Ihr Umfeld auf unnötigen Streß hin zu prüfen."

Diese Aufforderung beinhaltet drei interessante Aussagen: Erstens wird deutlich, dass das Ehepaar Pease es nicht sonderlich erstrebenswert findet, homosexuelle Menschen in die Welt zu setzen. Perfide genug eigentlich. Zweitens dient die „Ent-Stressung" der werdenden Mutter nicht etwa in erster Linie ihr selbst, damit es ihr einfach gut ginge, sondern um der zukünftigen Heterosexualität des Kindes willen. Auch merkwürdig.

Doch nahezu abstrus ist, dass dieser Ratschlag suggeriert, eine Frau habe entscheidende Einflussmöglichkeit auf die spätere geschlechtliche Ausrichtung ihres Kindes – *und zwar bevor sie überhaupt schwanger ist!*

Was für eine Last! Welch ein Stress, keinen Stress haben zu dürfen! Kein Wunder, dass eine nicht ständig glückselig grinsende Schwangere sich manchmal gar nicht traut, über ihre inneren Nöte zu sprechen.

Entlastung wäre das richtige Stichwort. Jemandem, dem es nicht gut geht, hilft es ja nichts, ihm zu sagen, es solle ihm nun doch lieber wieder gut gehen. Wichtige Fragen wären also: Wer könnte mir helfen? Was tut mir gut? Wem kann ich mich anvertrauen?

Neben Freude und Aufregung gehören Zweifel und Ängste in einer so gravierenden Umbruchsphase wie der Schwangerschaft einfach dazu, und wir sollten sie uns nicht verbieten (lassen). Wie naiv (oder dumm) muss man sein, um nicht die bevorstehenden Veränderungen, die auf eine werdende Mutter zukommen, auch kritisch und gelegentlich mit Sorge zu betrachten?

Doch je offener Frauen damit umgehen, desto leichter wird ihnen ums Herz. Jeder weiß, wie befreiend es sein kann, einfach seinen Tränen freien Lauf zu lassen oder sich bei einer Freundin mal so richtig auszujammern. Also Mut zur Ehrlichkeit. Es ist wichtig, dass wir unsere Ängste genauso ernst nehmen wir unsere Freude, Neugier und Aufregung. Und das Schöne ist: Gefühle schließen sich nicht gegenseitig aus! Nur weil mich zwischendurch die Angst überkommt, heißt das schließlich noch lange nicht, dass ich mich nicht auf mein Kind freue!

Keine Angst vor „negativen" Gefühlen: Es gibt gar keine!

Viele Menschen sprechen von „positiven" und „negativen" Gefühlen. Angemessener wäre aber wohl die Unterscheidung in „angenehme" und „unangenehme" Gefühle, denn alle Gefühle haben schließlich ihre Berechtigung und Funktion. Unangenehme Gefühle lassen wir ungern zu, weil sie uns lästig sind, uns Angst machen oder daran erinnern, dass es noch Dinge zu erledigen gibt, von denen wir eigentlich nichts wissen wollen. Lieber halten wir an unserem Selbstbild von der Frohnatur fest oder klammern uns an die Vorstellung, alles unter Kontrolle zu haben. Das Leben wird dadurch anstrengender als nötig, weil wir uns Gefühle verbieten, die wahrgenommen werden wollen.

Wir sollten auf unsere Gefühle hören, auch wenn wir ihre Wucht manchmal schwer ertragen können und auch gelegentlich nicht so recht wissen, wie wir mit ihnen umgehen sollen. In unserer Gesellschaft wird es gern gesehen, dass jemand gut „funktioniert", und beruflicher Erfolg wird mehr wertgeschätzt als eine reiche Gefühlskultur. Viele Menschen trauen sich nur im Rahmen psychotherapeutischer Settings oder in Selbsterfahrungsgruppen, über ihre wahren Gefühle zu sprechen. Wer will heutzutage schon als Weichei oder Trauerkloß daherkommen!

Natürlich: Sich beherrschen und seine Gefühle unter Kontrolle halten zu können ist eine durchaus nützliche Fähigkeit. Wir neigen aber dazu, vieles, was uns nicht gut tut, zu lange auszuhalten und die dazugehörenden Zustände von Niedergeschlagenheit, Traurigkeit oder Erschöpfung zu ignorieren. Besonders Mütter, die die Bedürfnisse der Kinder oft für wichtiger halten als ihre eigenen, sollten rechtzeitig auf ihr emotionales Frühwarnsystem achten und seine Signale ernst nehmen – einfach um nicht irgendwann plötzlich seelisch einzuknicken oder körperlich zusammenzubrechen.

Coachen und kutschieren:
Super-Mami als perfekte Dienstleisterin

„Ich fühle mich zuständig für meine Kinder, ihre Gesundheit, ihre Ernährung, ihre Entwicklung, die Hausaufgaben, ihre Hobbys und die Wertevermittlung in der Erziehung. Zuständig bin ich auch für den Haushalt, ich mache die Wäsche, koche, räume auf, putze und repariere alles. Außerdem bereite ich die Feiertage vor, lade Freunde ein, bereite das Essen vor, besorge Geschenke. Und ich unterstütze meinen Mann bei seinen beruflichen Projekten – praktisch, aber auch moralisch. Eigentlich fühle ich mich für das gesamte Familienleben verantwortlich!" (Clara, zwei Kinder)

„Ich fühle mich zuständig für fast alles, was die Kinder betrifft, den Haushalt und die Kontaktpflege zu Verwandten. Auswirkung? Ich fühle mich völlig überfordert."

(Erika, zwei Kinder)

„Es gab eine Zeit, in der ich so frustriert war von dem ‚Alltags-Hamsterrad', dass ich mich gar nicht mehr im Spiegel angucken konnte. Nach einer Mutter-und-Kind-Kur habe ich erkannt, wie verrückt mein normaler Alltag eigentlich war. Ich habe mich und meine Umwelt viele Jahre lang damit gequält, alles perfekt machen zu wollen und mich für alles zuständig zu fühlen. Dass ich das aus Pflichtgefühl 15 Jahre lang durchgezogen hab', ist im Rückblick völlig verrückt. Mittlerweile weiß ich, was mir wirklich wichtig ist, und gestehe mir endlich wieder zu, ich selbst zu sein."

(Viktoria, zwei Kinder)

Eine gesellschaftlich ganz gern gesehene Auswirkung eines latent schlechten Gewissens ist Perfektionismus: Menschen, die sich stets bestens unter Kontrolle haben, hohe Leistungsbereitschaft zeigen und außerdem noch über ein großes Maß an Organisationstalent verfügen, sind schließlich zuverlässige, effektive Arbeitstiere. Sie funktionieren gut und sind von daher meistens eher unauffällige Mitmenschen.

Frauen neigen häufig zu Perfektionismus, da sie ja über Generationen hinweg gelernt haben, das „brave" und „tüchtige" Mädchen zu sein. Alles bestens und bloß nichts falsch zu machen, ist ihr Grundprinzip: Im Job immer nur Höchstleistung abliefern; dem Gatten die unterstützende und attraktive Partnerin sein; den Kindern die allerbesten Entwicklungschancen ermöglichen und verständnisvoll auf all ihre Bedürfnisse eingehen; den Haushalt tipptopp halten und stets frisch gekochtes Bio-Essen auf den Tisch bringen usw.

Solange alle dankbar und zufrieden sind, ist das ja kein Problem. Aber wehe, es läuft eben doch nicht so rund wie geplant, die Kinder machen Stress, würdigen die ganze Mühe nicht und finden es einfach nur völlig normal, zum Sport, Reiten oder Geigenunterricht kutschiert zu werden. Vielleicht findet der Ehemann es allzu selbstverständlich, dass der Kühlschrank voll, die Kinder bettfertig und der Fußboden geschrubbt ist, wenn er abends in die Sofakissen sinkt. Und auch die Freundin hat sich daran gewöhnt, dass sie Ihnen stundenlang ihren Psychomüll vor die Füße kippen kann, ohne dass Sie jemals ungeduldig werden.

Wo bleibt da die Anerkennung? Wozu die ganze Liebesmüh', wenn keiner sich dafür interessiert, was eigentlich in Ihnen vorgeht?

Es ist paradoxerweise gerade die Powerfrau, der alles prima zu gelingen scheint und die vor Energie nur so strotzt, die schwer gefährdet ist, schlichtweg übersehen zu werden. Wer würde schließlich hinter dieser eloquenten und „toughen" Fassade ein anlehnungsbedürftiges oder einfach nur erschöpftes Wesen vermuten?

Menschen sehen nur das, was man ihnen auch zeigt. Wer „Schwäche" und Bedürfnisse verbirgt, verpasst die Chance, einfach mal in den Arm genommen, verwöhnt oder getröstet zu werden. Viele solcher Superfrauen müssen erst richtig krank werden, um Hilfe in Anspruch nehmen zu können.

Perfektionismus strengt an, und das Burn-out-Syndrom ist nicht in weiter Ferne. Kaum einer würdigt, wie viel wir in den Alltag investieren, wie viele Gedanken wir uns machen und wie wir uns abmühen, alle Bedürfnisse zu befriedigen. Wirklich alle? Wohl kaum, denn die eigenen bleiben ja meistens auf der Strecke. Sich selbst zurückzustellen und das Leben immer nur rund um andere zu gestalten, ist keine wirklich edelmütige Angelegenheit.

Besonders die engagierten Mütter vergessen gelegentlich,

dass sie eine eigenständige Person sind und ein Recht auf Weiterentwicklung und Persönlichkeitsentfaltung haben.

Und vor allem: Sie vergessen, dass sie glücklich sein dürfen. Einfach so. Ohne sich dafür täglich abrackern zu müssen. Mütter müssen oft lernen, sich einfach gut zu finden und mit sich zufrieden zu sein. Dann dürfen sie einfach sein, wie sie sind, und müssen sich nicht ständig durch pädagogischen Aktionismus und mütterlichen Perfektionismus beweisen, dass sie wichtig sind und gebraucht werden.

Wenn wir mit uns im Reinen sind und uns rundum wohl in unserer Haut fühlen, flutscht ohnehin alles wie von selbst. Es macht uns nicht zu guten Müttern, wenn wir uns sinnlos verausgaben, ständig überlegen, wie wir es noch besser machen könnten, und dabei dauernd zu kurz kommen. Im Gegenteil: Wir vermitteln unseren Kindern dadurch ja nur, dass Muttersein Aufopferung und viel, viel Mühsal bedeutet. Vielleicht finden Kinder es bequem, eine Mutter zu haben, die ihnen jeden Wunsch von den Augen abliest und ihn dann auch sofort erfüllt. Aber es ist ihrer Entwicklung sicher eher förderlich, wenn ihre Mutter eigenständig ist und gut für sich selber sorgt. Außerdem haben sie ja nichts dagegen, dass Mami gut drauf ist, im Gegenteil: Sie profitieren davon! Kinder sind offen für Veränderungen. Sie sind empfänglich für positive Energien und lassen sich davon gerne anstecken. Eine Mutter, die verantwortungsbewusst mit sich selbst umgeht und für ihr eigenes Glück sorgt, entlässt ihre Kinder zusätzlich aus dem Zwang, sich permanent dankbar zeigen zu müssen.

Auch für Männer kann es übrigens entlastend sein, wenn Frauen aufhören, Raubbau an sich zu betreiben. Meistens gehen sie deshalb mit entsprechenden „Befreiungsversuchen" viel lockerer um, als die Frauen glauben.

Mir geht es gut, wenn es den anderen gut geht. Oder?

Muten wir uns anderen zu, so wie wir sind, mit allen Ecken und Kanten. Wer ist schon seelisch immer knitterfrei? Wir sollten uns gestatten, uns bedürftig zu fühlen. Und wir sollten dafür sorgen, dass unsere Bedürfnisse auch befriedigt werden.

Viele Mütter antworten auf die Frage „Was brauchen Sie, damit es Ihnen gut geht?" mit einem ausgedehnten Schweigen. Sie vergessen im aufreibenden und turbulenten Alltag allzu oft die eigenen Wünsche. Und nach ihrem Wohlbefinden gefragt, erzählen sie gerne ausführlich von den Schulnoten der Tochter, den Fußballerfolgen des Sohnes und dem Stress im Büro des Gatten. Wie es aber um ihre eigene Befindlichkeit bestellt ist? Hm. So manche Mutter muss da passen. Sie weiß es gar nicht so genau.

Die Gestalttherapeutin Burgel Geier rät Müttern, sich häufig selbst zu verwöhnen: „Wenn sie viel geben will, soll sie mit sich anfangen. Wenn es der Mutter gut geht, geht es auch ihren Kindern gut. Wenn sie zu kurz kommt, hat sie bald keine Energie mehr, mit Freude zu geben." Und sie weiß auch, dass eine sich selbst aufopfernde Mutter nicht nur ihre Gesundheit aufs Spiel, sondern mitunter auch verheerende familiendynamische Prozesse in Gang setzt: „Die Familienmitglieder geraten mit der Zeit unter Druck, wenn sich die Mutter ‚opfert'. Im schlimmsten Fall bekommen die Kinder nun ihrerseits ein schlechtes Gewissen und verschließen sich, fangen das ‚Opferspiel' auch an oder sind verzweifelt, weil ihre Mutter doch so ‚gut' ist und sie es ihr nie recht machen können. Das Familiensystem ist dann nicht mehr ausgeglichen, sondern wird schleichend immer neurotischer."

Achten wir also besser auf uns: Wie fühlen wir uns? Was fehlt uns? Was brauchen wir? Sorgen wir dafür, dass es uns gut geht. Wer sonst sollte das für uns erledigen?

Kleine Übung für die Perfektionistin:
Aufgaben dankend ablehnen

Gehören Sie auch zu den Müttern, die immer alles 100%ig macht? Eine, die sich überall engagiert und jeden Posten übernimmt, der Ihnen angetragen wird?

Dann überlassen Sie doch manche Jobs getrost auch mal anderen:

❋ *Kuchen backen für den Schul-Bazar? Diesmal nicht.*
❋ *Die Kinder zu einem Freund kutschieren? Sollen sie doch mit dem Bus fahren!*
❋ *Schon wieder Elternvertreterin im Kindergarten? Nächstes Jahr vielleicht.*

Wenn wir unsere Akkus wieder aufgeladen haben, können wir ja immer noch Kuchen backen – wenn wir dazu noch Lust haben.

Immer da, immer lieb, immer hilfreich!
Was heißt schon „gute Mutter"?

„Eine gute Mutter engagiert sich im Leben ihrer Kinder, ist ein stabiles Familienmitglied und ein gutes Vorbild. Sie lehrt, liebt und unterstützt ihre Kinder in allen Lebensbereichen." (Clara, zwei Kinder)

„Eine gute Mutter nimmt sich immer Zeit fürs Kind, wenn es spielen will oder etwas anderes möchte. Und sie vermittelt Werte wie Höflichkeit, Rücksichtnahme und Pflichterfüllung." (Maren, zwei Kinder)

„Eine gute Mutter begleitet ihre Kinder Schritt für Schritt in die Selbstständigkeit. Sie nimmt ihre Kinder

*in jeder Lebenslage ernst und gibt ihnen das Gefühl,
wichtige Mitglieder der Familie zu sein."*

(Erika, zwei Kinder)

*„Eine gute Mutter liebt ihre Kinder und schlägt sie nicht.
Sie kann diskutieren und streng bzw. konsequent sein
und denkt daran, dass ihr Kind eines Tages als Erwachsener gut aufs Leben vorbereitet sein muss. Sie delegiert
Aufgaben altersgemäß an ihre Nachkommen, ist aber
bei Problemen Ansprechpartner. Sie nimmt ihren Kindern nicht alle Arbeiten ab. Sie legt ihnen möglichst viele
‚kleine Stolpersteine' in den Weg, an denen die Kinder
wachsen können."*

(Liane, ein Kind)

*„Eine gute Mama sollte gleichzeitig der beste Ansprech-
partner und eine gute Freundin für das Kind sein. Sie
sollte zuhören können und Zeit für die Kinder haben."*

(Silke, zwei Kinder)

Mütter haben unterschiedliche Vorstellungen davon, was eine
„gute Mutter" ausmacht. Allen gemeinsam ist, dass sie hohe
Ansprüche an sich stellen. Teilen Sie die oben genannten
Vorstellungen? Halten Sie sie für realistisch oder für über-
zogen? Was für Gefühle lösen diese Idealvorstellungen bei
Ihnen aus?

❋ Was macht für Sie eine „gute Mutter" aus?

❋ Was steht ganz oben auf der Prioritätenliste? Was rangiert
eher unten?

❋ Sind Ihre Vorstellungen realistisch? Oder sind Ihre Ziele
so hoch gesteckt, dass *jeder* daran scheitern muss?

❋ Könnten Sie Ihre Vorstellungen relativieren und so konkret formulieren, dass sie auch umsetzbar sind?

- „Eine gute Mutter hat immer ein offenes Ohr für ihre Kinder." → „Ich bemühe mich, genau hinzuhören, wenn meine Kinder mir etwas Wichtiges erzählen."
- „Eine gute Mutter liebt ihre Kinder." → „Ich achte meine Kinder und nehme sie ernst."

✳ Stecken Sie sich lieber täglich kleine Ziele, als unerreichbare und ideologisch angehauchte Allgemeinplätze zu wiederholen: „Ich möchte immer für meine Kinder da sein." → „Morgen gehe ich mit meinen Kindern in den Wald." oder: „Am Wochenende werde ich mit meinem Sohn eine Stunde basteln."

✳ Resümieren Sie abends: Was habe ich heute Schönes / Wichtiges mit meinen Kindern erlebt? Was hat Spaß gemacht? Was ist uns gut gelungen? Entspricht das dem, was ich mir vorgenommen hatte?

Neue Väter, alte Probleme:
Von schmutzigen Socken und faulen Ausreden

„Ich denke, dass mein Mann erwartet, dass es zu Hause läuft. Diese Erwartungen zeigen sich eigentlich erst, wenn ich ein Streitgespräch anfange, weil ich alles alleine machen muss." (Michaela, zwei Kinder)

„Ich fühle mich für fast alles zuständig, weil ich auch gern alles so haben möchte, wie ich es will. Leider ist das meist nicht möglich, da ich einen Fulltime-Job habe und elf Stunden täglich aus dem Haus bin. Ich musste erst lernen, dass mein Mann vieles anders, aber nicht schlechter macht als ich." (Viola, ein Kind)

Tochter: „Wenn Papa tot ist, kauf' ich mir einen Ponyhof."
Mutter: „Moment mal, wenn Papa weg ist, kauf' ich mir erst mal eine Finka auf Mallorca."
Vater: „Ich glaub', wir sind zu gut versichert!"

(TV-Werbespot für eine Lebensversicherung)

In einem Internetforum löste dieser Werbespot eine heftige Debatte aus: wie man so skrupellos den Tod als Werbemittel heranziehen könne, wie pietätlos das sei. Andere meinten, schließlich müssten alle mal sterben, man solle den Tod nicht so tabuisieren. Einer betrachtete das Ganze analytischer und belegte die Wirksamkeit des Spots mit der soeben ausgelösten Diskussion: Schließlich wolle Werbung Aufmerksamkeit erregen, und das sei ja nun gelungen.

Interessanterweise ärgerte sich niemand darüber, welche Rolle dem Vater hier zugeschrieben wurde. Widerstandslos wurde zur Kenntnis genommen, dass Daddy nur als Versorger wichtig ist, der auch dann noch seine Funktion übernehmen kann, wenn er bereits ins Gras gebissen hat (indem er nämlich zu Lebzeiten eine gute Versicherung abschließt).

Ist der Familienvater also immer noch der finanzielle Rundumversorger, der Gattin und Sprösslinge in materieller Sicherheit wiegt, ihnen sogar posthum noch Luxus garantieren kann? Entspricht das immer noch den Vorstellungen in unseren Köpfen?

Vermutlich, denn die Väter übernehmen nach wie vor recht klaglos die Rolle des Allein- oder zumindest Hauptverdieners. Und auch wenn sich das frisch eingeführte Elterngeld als taugliches Lockmittel für junge Väter erwiesen hat, Baby-Zeit zu nehmen: Danach heißt es für fast alle Papas wieder: zurück an Schreibtisch oder Werkbank. Und zwar Vollzeit.

Doch nicht nur das. Allen Forschungsergebnissen zufolge arbeiten frisch gebackene Väter länger als vorher, nehmen noch mehr Überstunden in Kauf und versuchen verstärkt die Karriereleiter zu erklimmen. Verständlich irgendwie, denn es gibt nun eine Familie zu versorgen, was eine kostspielige Angelegenheit ist, und bis die Kleinen groß sind, dauert es ja bekanntlich eine Weile. Und Arbeitslosigkeit und Armut auf Hartz-IV-Niveau sind die dauerhaften Damoklesschwerter über unseren verantwortungsbewussten Häuptern.

„Mit der Übernahme der Elternrolle steigern die Väter ihr berufliches Engagement erheblich, und zwar langfristig", fasst der Siebte Familienbericht der Bundesregierung sachlich zusammen. Und Mami bleibt eben zu Hause. Die überwiegende Mehrheit der jungen Eltern lebt heute noch dieses traditionelle Familienmodell, das im Alltagsleben zu Unmut, Überlastung und Stress auf beiden Seiten führen kann – zumal sich die traditionelle Rollenverteilung als „sehr änderungsresistent" erwiesen hat. Will heißen: Hat sich das Muster „Vater verdient – Mutter versorgt die Kinder" erst einmal eingespielt, ist es schwierig, es wieder umzumodeln.

Doch eigentlich wissen wir mittlerweile, welch hohen Preis wir alle dafür bezahlen.

Die Kinder, weil sie ihren Alltag nicht mit Papa teilen können und abends oft nur noch einen erschöpften Kerl zu Gesicht bekommen, mit dem man noch nicht mal mehr raufen kann und der keine Energie mehr hat, um Geschichten zu erzählen. Die Frauen stehen mit Haushalt und Erziehung doch recht alleine da und sind damit auch nicht immer glücklich. Und natürlich leiden auch Männer manchmal unter der Last, die dieses konventionelle Rollenmuster ihnen aufbürdet. Nicht nur, dass es ihnen in Anbetracht der schlechten Arbeitsmarktlage gelegentlich schwerfällt, die nötigen Penunzen heranzuschaffen, ihnen das Burn-out-Syndrom oder gar der Herzinfarkt droht und Beziehungsstress und Familienfrust geradezu programmiert sind. Darüber hinaus ist es möglich, dass sich der Vollversorger doch irgendwann die tiefere Sinnfrage stellt – und dann merkt, was er womöglich alles verpasst hat.

„Ich habe in meiner Beratungspraxis einige Männer kennengelernt, die es in ihrer Midlife-Crisis bereuten, dem Beruf zu große Bedeutung gegeben zu haben und im Vergleich dazu Erlebnisse und Erfahrungen mit ihren Kindern versäumt zu haben", bestätigt der Hamburger Familientherapeut Willi Hasse meine Vermutung. Er versucht deshalb, junge Männer rechtzeitig zu sensibilisieren und ihnen zu vermitteln, „dass Erziehungs- und Hauswirtschaftskompetenz wichtige Voraussetzungen für Emanzipation und Autonomie darstellen".

Was die Kinder angeht, trifft das Bemühen des Therapeuten vielleicht sogar auf offene Ohren. Denn wenngleich sich nicht nur konservativ gesinnte Männer für die finanzielle Versorgung ihrer Familie zuständig fühlen, so lässt sich doch ein tendenzieller Wertewandel in den männlichen Köpfen ausmachen. Für die meisten Papas in spe ist es mittlerweile selbstverständlich, in Schwangerschaftskursen die tiefe Bauchatmung zu üben und ihrer in den Presswehen liegenden Frau tapfer beizustehen. In den 80ern war ein kinderwagenschiebender Mann selten, heute ist er kein Hingucker mehr. Viele junge Väter wickeln ihre Babys mit lässiger Selbstverständlichkeit, schleppen sie stundenlang im Tragetuch herum und füttern ihnen Breichen. Ein paar Jahre später klettern sie mit ihren Kindern auf Spielplätzen herum, und noch ein paar Jahre später finden wir sie garantiert gemeinsam im Kino, auf dem Bolzplatz oder im Fußballstadion wieder. Zumindest am Wochenende.

Viele junge Väter hegen den Wunsch, für ihre Kinder präsenter zu sein, als der eigene Vater das je war: ein schönes Vorhaben, das allzu oft an starren Arbeitszeitstrukturen oder unflexiblen Chefs zu scheitern droht. Kaum ein Boss, der klaglos hinnimmt, dass ein Mitarbeiter nach Hause geht, weil der Babysitter abgelöst werden oder die Frau ihren Job antreten muss. Überhaupt thematisieren Väter ihr Vater-Sein und die damit verbundenen Schwierigkeiten selten. Und sie ernten, wenn sie es dann doch mal tun, oft genug dumpf-backene Kommentare von Vorgesetzten und Kollegen.

Dass „Work-Life-Balance" auch für Väter mittlerweile ein dringliches Thema ist, haben nun auch die Politiker erkannt. So hat Wassilios E. Fthenakis im Auftrag des Familienminis-teriums Erkenntnisse aus der Väterforschung der letzten 20 Jahre zusammengetragen. Wichtiger Befund: Immer mehr Männer wollen die Möglichkeit haben, „Zeit mit ihren Kin-dern zu verbringen und sie zu versorgen". Interessanter-weise heißt das aber nicht, „dass Väter von heute weniger an Beruf und Karriere interessiert sind".

Solange die Männer sich noch ernsthaft fragen, ob sie noch richtige Kerle sind, wenn sie die Treppe fegen oder den Müll raustragen, werden sie den radikalen Rollentausch mei-den. Hausfrau zu sein ist schon schlimm genug, doch Haus-mann zu sein ist anscheinend noch schlimmer. Job und beruflicher Erfolg sind eben nach wie vor die wichtigsten Säulen des männlichen Selbstwertgefühls.

Er will doch nur spielen!
Haben Väter den Spaß und Mütter die Arbeit?

Auch Männer haben also zunehmend ein Problem damit, Beruf und Familie zu vereinbaren. Fakt ist aber auch, dass die meisten Männer lieber mit ihren Kindern herumtollen als Wäsche falten oder Kochreste von der Herdplatte kratzen. Teilen sich kinderlose Paare die Hausarbeit noch einiger-maßen gleichberechtigt, so bleibt die junge Mutter, die mit der Versorgung des Säuglings eigentlich genug zu tun hätte, auch gleich noch auf dreckigem Geschirr und Bergen von schmutzigen Socken sitzen: „Nach der Geburt des ersten

Kindes kommt es zu einer Umverteilung der Hausarbeit zu Ungunsten der Frau. Die Frau übernimmt einen zunehmend größeren Anteil, der Mann zieht sich weiter aus der Hausarbeit zurück", heißt es im Siebten Familienbericht. Wie soll Papa auch putzen und kochen, wenn er den ganzen Tag weg ist? Und wenn er dann abends müde nach Hause kommt, hat er wahrscheinlich auch keine Lust mehr, Hemden zu bügeln oder das Kinderzimmer aufzuräumen – abgesehen davon, dass er sich ohnehin gerne lästige Routinetätigkeiten vom Hals hält.

So verbringen Männer zwar heute mehr Zeit mit ihren Kindern als früher, bevorzugen dabei aber die sogenannten „Pleasure-Aktivitäten". Was nichts anderes heißt, als dass sie mit den Kleinen lieber raufen, balgen und Lego bauen, als sich um die lästigen Versorgungstätigkeiten zu kümmern: Essen kochen, nachts aufstehen, um das kranke oder weinende Kind zu versorgen, Butterbrote schmieren, Babysitter organisieren und anderer wenig attraktiver Alltagskram bleiben fast immer an den Müttern hängen.

Dass viele Männer im Haushalt echte Faulpelze sind, ist jetzt schriftlich belegt: Bei einer repräsentativen Umfrage eines Staubsaugerherstellers gaben immerhin 41 % der befragten Männer zu, sich vor Haushaltsarbeit zu drücken. Jeder dritte Mann behauptet zwar, die Hausarbeit mit der Partnerin gleichmäßig zu teilen. Die Frauen sehen das aber ganz anders: 80 % von ihnen haben nämlich das Gefühl, dass sie viel mehr im Haushalt erledigen als ihre Männer.

Auf die Frage „Warum macht ihre Partnerin zu Hause die meiste Arbeit?" antworteten 55 % mit dem lapidaren Spruch: „Weil sie es besser kann". Faule Ausrede oder echte Inkompetenz? Sind Männer zu dusselig zum Staubwischen und Kartoffelnschälen? Immerhin wäre jede dritte befragte Frau froh, wenn „er" mehr mit anpacken würde – vor allem beim Staubsaugen, Abwaschen, Badreinigen und Fensterputzen.

Immerhin sollte es uns zu denken geben, dass Eltern-paare, die sich Erwerbstätigkeit und Familienarbeit gleich-berechtigt teilen, nachweislich sehr zufrieden mit ihrem Le-bensmodell sind. Einer Untersuchung des Staatsinstituts für Familienforschung der Universität Bamberg zufolge erleben insbesondere Väter die alternative Rollengestaltung als „ko-lossale Bewusstseinserweiterung" und das intensive Leben mit ihren Kindern als „wunderschöne Erfahrung". Insgesamt zeigte sich auch, dass „sich die egalitäre Rollenaufteilung sehr positiv auf die Partnerschaft und die Zufriedenheit mit der Beziehung auswirkt".

Doch warum teilen sich dann immer noch so wenige das Geldverdienen, die Erziehung der Kinder und die Haus-arbeit? Und warum gelingt es vielen nicht, ein ausbalancier-tes Familienleben zu führen, in dem sich alle gleichermaßen wohlfühlen?

Zunächst stimmen die gesellschaftlichen und wirtschaft-lichen Rahmenbedingungen nicht. Solange Frauen weniger verdienen als Männer, lässt sich das Konzept der Egalität in Haus und Job kaum realisieren, zu groß wäre der finanziel-le Verlust. Von familienfreundlichen Arbeitszeitmodellen ist zwar viel die Rede, aber meistens eben nur das. Und „flexi-bel" sind fast immer die Arbeitnehmer und nur selten die Arbeitgeber.

Doch auch in unseren Köpfen sind wir noch nicht frei ge-nug von Rollentraditionen.

So weht – laut der Untersuchung der Universität Bam-berg – unkonventionell lebenden Elternpaaren immer noch ein rauer Wind entgegen: „Sie werden häufig als Abweichler betrachtet, müssen ihre Aufgabenteilung rechtfertigen, man klatscht über sie und auch am Arbeitsplatz stoßen sie oft-mals auf wenig Verständnis und Vorbehalte." Es gehört also Mut, Experimentierfreudigkeit und Selbstbewusstsein dazu, der herkömmlichen Rollenverteilung zu trotzen.

Doch ganz gleich, in welchem Familienmodell man lebt: Es lohnt sich, sich immer mal wieder folgende Fragen zu stellen:

* Wie zufrieden bin ich mit der Rollenaufteilung und der Arbeitsteilung zu Hause?
* Was erwarte ich von meinem Partner? Wofür fühlt er sich zuständig?
* Was erwartet er von mir?
* Gibt es unausgesprochene Erwartungen?
* Was ist mittlerweile allzu selbstverständlich geworden?
* Werde ich ausreichend gewürdigt für das, was ich leiste?
* Welche Aufgaben würde ich gerne abgeben? Wie kann ich das erreichen?

Verantwortung abgeben und eigene Vorstellungen relativieren

Auch Frauen fällt es manchmal schwer, unkonventionell zu denken und zu handeln. Halten wir uns immer noch für die geeigneteren Haus- und Kinderversorgerinnen, wie es uns dauernd eingetrichtert wurde? Auch Eva Herman erinnerte uns wieder eindringlich daran, „das Haus heimelig zu machen, schöne Kerzen zu platzieren, Blumen aufzustellen und Apfelkuchen zu backen". Sind wir deshalb bereit, so vieles zu schultern?

Wer entlastet werden will, muss aber auch Verantwortung abgeben können. Wenn wir erwarten, dass Papi den Sprössling badet, können wir nicht kontrollierend danebenstehen und mit Argusaugen darüber wachen, was er nun als Nächstes wieder falsch macht. „Frauen fordern von Männern die Beteiligung an der Alltagsversorgung des Kindes. Wenn

Männer dann das Kind windeln, anziehen und sich um seine Ernährung kümmern, erleben sie nicht selten, dass ihre Frauen sie ‚überwachen‘ und sie ihnen nichts recht machen können oder das sie es nur so machen dürfen, wir ihre Frauen es für richtig halten", denn – so Hermann Bullinger in dem Buch *Vatergefühle* – Frauen wollen „nicht ihre mütterliche Position als Hauptbezugsperson infrage stellen".

Lassen Mütter es also nicht wirklich zu, dass Väter Teile der Erziehung und des Haushalts übernehmen, weil sie es anders machen und wahrscheinlich mangels Übung auch chaotischer? Möglich. Auf jeden Fall ist es für uns ungewohnt, erfordert Toleranz und eine prinzipielle Bereitschaft, von den eigenen Vorstellungen abzulassen.

„Mütter übernehmen die Verantwortung für das Wohlbefinden der Familienmitglieder oft gerne und fraglos", weiß die Sozialpädagogin Birgit Kärgel, die das Elterntelefon des Kinderschutzbundes in Hamburg leitet und viele Beratungsgespräche mit Müttern führt. „Die Frage, wer ebenso für das Wohlbefinden in der Familie verantwortlich sein könnte, kommt für viele Mütter überraschend. Denn diese Frage rüttelt an ihrer Selbstdefinition: Wie ersetzbar wollen sie sich machen? Können sie es aushalten, dass es in Haushalt und Familie anders laufen könnte als von ihnen gewünscht? Können sie sich vorstellen, Kontrolle abzugeben?"

Erfahrungsgemäß fällt eben dies den Müttern schwer. So sollten wir uns einmal ehrlich fragen:

* Wie gut kann ich Macht und Kontrolle über Kind und Haushalt abgeben?
* Kann ich es ertragen, wenn mein Mann die T-Shirts anders faltet und andere Lebensmittel einkauft als ich, jeden zweiten Tag Spaghetti kocht und den Kindern abends Seemannslieder vorsingt statt „Schlaf, Kindchen, schlaf"?

❋ Kann ich es aushalten, wenn die Kinder morgens vom Vater in einen bunt-fröhlichen Klamottenmix gekleidet werden, der meinem Geschmack so gar nicht entspricht? Oder muss ich sie dann erst „ordentlich" anziehen, bevor sie in den Kindergarten dürfen?

❋ Kann ich es zulassen, dass mein Kind vielleicht lieber von seinem Vater getröstet werden will als von mir?

❋ Was fürchte ich könnte passieren, wenn ich die Kontrolle über Kind und Haushalt teilweise abgebe? Sind diese Befürchtungen realistisch? Und was könnte der Vorteil davon sein?

Die schönste Übung, um Vater und Kinder aus der mütterlichen (Über-)Kontrolle zu entlassen: Einfach öfter mal weggehen!

„Und was machen Sie sonst noch so?" – Mütter in Erklärungsnot

„Einige Menschen erwarten, dass ich mich dafür rechtfertige, dass ich trotz Mann und Kind berufstätig bin. Andere erwarten von mir, dass ich mich dafür rechtfertige, dass ich nur ein Kind habe. Bei einigen Menschen habe ich das Gefühl, sie erwarten, dass ich ein schlechtes Gewissen haben muss, weil ich sehr gut verdiene und Vätern den Arbeitsplatz wegnehme. Irgendwie gibt es immer Menschen, denen meine Lebensform nicht passt."

(anonym, aus einem Internetforum)

„Es war wirklich ein guter Plan: zwei Kinder, schnell hintereinander, um nicht zweimal für ein paar Jahre aus dem Job rauszugehen. Immer im Kontakt zur Firma

bleiben und das Gespräch suchen. Flexibel und engagiert sein, damit sie mich leicht wieder einsetzen können. Ich war sicher, dass alles klappt.

An einem sonnigen Septembertag stürzte mein Kartenhaus zusammen."

(Martina, zwei Kinder, die nach der Elternzeit fast ihren Job verlor, zitiert aus: Lambeck, Silke / Zylka, Regine: Das große Jein)

Deutsche Mütter befinden sich heute im Dauer-Clinch mit unterschiedlichen, zum Teil diametral entgegengesetzten, aber gleichermaßen gültigen Werten, die sich uns in einer immer komplexer werdenden Gesellschaft einpflanzen. Da mischen sich ungehemmt veraltete Ideale der bürgerlichen Familie mit feministischen Vorstellungen von der weiblichen Selbstverwirklichung und der postmodernen Überzeugung, alles sei jederzeit machbar und möglich. Dieser diffuse Werte-Mix führt Frauen schnurstracks ins Dilemma.

Schon die Frage „Kind ja oder nein?" stürzt Frauen in Gewissenskonflikte. Eigentlich schon, aber wann? Vor oder während der Ausbildung? Ungünstig. Gleich, nachdem ich den ersten Job angetreten habe? Auch ungünstig. Sich kurz vor dem Karrieresprung an Heim und Hof binden? Auch suboptimal. Oder erst dann ein Kind, wenn ich alles schon erreicht habe, was ich mir beruflich vorgenommen habe? Und was, wenn ich bis dann den Richtigen noch nicht gefunden habe? Oder der, den ich für den Richtigen halte, dann gar keine Lust hat, Vater zu werden?

Es scheint heute dank gängiger Verhütungsmethoden leichter zu sein, sich *gegen* als *für* ein Kind zu entscheiden. Den optimalen Zeitpunkt gibt es nicht, den idealen Partner oft auch nicht, dafür jede Menge Ängste. Mütter haben es auf dem Arbeitsmarkt schwerer als Kinderlose. Vor allem, wenn sie eine gute Ausbildung absolviert und in einer Führungsposition gearbeitet haben, riskieren sie nach der Geburt eines Kindes einen deutlichen Karriereknick. Tragisch, denn beruflich erfolgreich und finanziell unabhängig zu sein, gilt in Zeiten der Massenarbeitslosigkeit mehr denn je. Welche Frau hat schon Lust, Hartz IV zum Opfer zu fallen, nur weil sie ihrer „weiblichen Bestimmung" folgt, wie es Eva Herman ausdrückt?

Problematisch wird es ja schon, wenn man in seinem Lebenslauf sogenannte „Lücken" nicht angemessen stopfen kann. Und nahezu peinlich, wenn man darauf auch noch angesprochen wird: „Und dann haben Sie mal in Familie gemacht?" stellte der Chef einer renommierten Hamburger Online-Redaktion nach dem Studium meiner Bewerbungsunterlagen lakonisch fest und blickte mich dabei fragend an, als bedürfte das einer genaueren Erklärung oder gar Rechtfertigung. Und in jedem meiner vielen Vorstellungsgespräche wurde ich ausgiebig nach Familienplanung und Kinderbetreuungsmöglichkeiten ausgefragt. Was meinem Mann, der ja genauso viele Kinder hat wie ich, natürlich nie passiert ist.

Wir finden es heute selbstverständlich, dass eine Frau ihren Lebensunterhalt selber zu erwirtschaften hat. Genauso selbstverständlich finden wir aber auch, dass sie ihren Kindern als liebevolle und geduldige Begleiterin möglichst rund um die Uhr zur Seite steht.

Was also tun? Die scheinbar bestmögliche Lösung: Kinder, Küche, Teilzeit-Karriere. Vorteil: Ich entspreche wenigstens äußerlich dem Ideal der Super-Mama und genieße den Ruf, eine von denen zu sein, die offensichtlich „alles unter einen Hut kriegen".

Nachteil: Die Wahrscheinlichkeit, unter der Last zusammenzubrechen und sich physisch und psychisch zu ruinieren, ist groß. Und der Ruf der „Teilzeitschlampe" (original Büro-Jargon) ist in der Arbeitswelt nun nicht gerade der Beste. „Was, du gehst schon nach Hause?" ist wohl ein Lieblingssatz der sehr geschätzten Vollzeitkollegen.

Zu Hause sieht das Ganze dann auch nicht viel besser aus: Denn solange unsere männlichen Mitstreiter in Bezug auf neue Rollenmuster noch die viel zitierte „verbale Aufgeschlossenheit bei weitgehender Verhaltensstarre" pflegen und ganztags berufstätig sind, tragen wir immer noch alleine meterhohe Wäscheberge ab und wischen einsam das Parkett. Zwischendurch arbeiten wir geduldig an unserer Partnerschaft, knüpfen hartnäckig unser soziales Netzwerk, kümmern uns um Freunde, Bekannte, Eltern und Schwiegereltern. Und nebenbei sind wir natürlich auch noch schön, schlank, sexy und stets bester Laune.

An solchen Ansprüchen kann man nur verzweifeln – abgesehen davon, dass Teilzeitstellen in anspruchsvollen Jobs rar gesät sind und alle anderen höchstens als Zubrot taugen.

Noch Hausfrau oder schon „Familienmanagerin"?

Natürlich kann sich eine Frau auch für eine der möglichen Variablen unter Vernachlässigung der anderen entscheiden, entweder Vollzeitmami oder Vollzeit-„Working Mum" werden. Beide Varianten haben nachweislich einen ziemlich miesen Ruf. Die Vollzeit-Berufstätige ist nach wie vor schnell als Rabenmutter verschrien, und „stay home mums" ernten immer noch solche nett gemeinten Bemerkungen wie „Ach, das ist ja schön, dass Sie nicht arbeiten müssen".

„Und was machen Sie so?" ist die Frage auf Partys und in anderen Small-Talk-Situationen, die Hausfrauen und Mütter am meisten hassen. Und sie werden prompt erfinderisch: „Ich kümmere mich um meine kleinen Kinder", „Ich bin in der Elternzeit" oder „Eigentlich bin ich Juristin ..." hört sich allemal besser an als „Ich bin Hausfrau".

Dass sich Hausfrauen heutzutage kaum noch trauen, dies offen zu bekennen, machte sich eine bekannte Staubsaugerfirma kurzerhand zu nutze. In ihrem legendären Werbespot outet sich eine schick gekleidete Dame als „Familienmana-gerin": „Ich leite ein erfolgreiches kleines Familienunterneh-men", lautet ihre selbstbewusste Antwort auf die befürchtete Frage. Doch auch dieser euphemistische Werbeslogan kann nicht darüber hinwegtäuschen, dass Hausfrauen-Mütter in unserer Gesellschaft kein besonders hohes Ansehen genie-ßen.

Schön, wer sich da noch selbstbewusst positionieren und frohgemut sein Leben genießen kann. Viele aber trauen sich gar nicht mehr, das eigene Lebensmodell zu problematisie-ren: „Selber schuld", heißt es dann ja gerne.

„Warum hast du dir auch so viele Kinder angeschafft!" Wie oft musste ich mir diesen Satz anhören, wenn ich über meine Schwierigkeiten sprach, einen familienkompatiblen qualifizierten Teilzeit-Job zu finden. Karen Pfund bringt die-se Zwickmühle auf den Punkt: „Die Wahlfreiheit wird zur Qual: Denn wenn keine mehr zum Mutterglück gezwungen wird, wird von all jenen, die sich doch dafür entscheiden, erwartet, dass sie für ihre Entscheidung gefälligst auch den Preis zu zahlen bereit sind." Und genau den Schuh ziehen wir Frauen uns an. Wir sind selber schuld, wenn wir nicht alles so locker meistern, wie es von den Super-Mamas still-schweigend erwartet wird.

Manchmal haben wir gar keine Wahl, und wir können es uns schon aus finanziellen Gründen gar nicht leisten, die Vollzeitmutter zu sein, die wir vielleicht zumindest vorüber-gehend gerne wären. Oder umgekehrt finden wir keinen passenden Job und können trotz Studienabschluss mit Best-note dann doch nur zu Hause brillieren.

Gute Mütter arbeiten: Dieser Buchtitel sprang mir ins Auge, kurz nachdem meine Firma den Standort gewechselt und ich meinen Job als Online-Redakteurin verloren hatte. „Na toll", dachte ich, „und schlechte Mütter sind arbeitslos." (Sicher hat die Autorin Regine Schneider das so nicht gemeint, in meiner Situation schien mir diese Schlussfolgerung logisch – wenn auch nur für einen Moment.)

Die typisch deutsche Unvereinbarkeit von Familie und Beruf lastet schon lange auf den Schultern der Mütter, und drastische Änderungen sind nicht in Sicht. Prominentes Opfer dieses Dilemmas ist die derzeitige Familienministerin Ursula von der Leyen, die in einem Interview offenherzig bekennt:

„Ja, ich habe alles gemacht, was Mütter so machen: ganz zu Hause bleiben, Teilzeit arbeiten, voll im Beruf sein. Aber immer alles mit schlechtem Gewissen. Wo ich auch war, ich hatte das Gefühl, etwas zu versäumen: zu Hause den Beruf – und im Beruf die Kinder. Diesen tiefen Konflikt und vor allem das schlechte Gewissen, das spüre ich bis heute. Ich hatte das Gefühl, in der Medizin eine Enttäuschung zu sein, nachdem man so lange in mich investiert hatte: Was hatten wir noch alles mit Ihnen vor, und jetzt sind Sie schwanger … Ich hatte aber auch das Gefühl, in der Familie zu versagen."

Sie muss schließlich in die USA auswandern, um einen Ausweg aus diesem Konflikt zu finden: „Zum ersten Mal erlebte ich dort, dass Kinder kein Minus-, sondern ein Pluspunkt sein können. Zum ersten Mal schlug mir nicht diese Wie-wollen-Sie-das-denn-schaffen-Grundhaltung entgegen, sondern mein Muttersein wurde positiv gesehen: Drei Kinder? Toll! Sie müssen ja vielfältig belastbar und organisationsfähig sein. Zum ersten Mal schlug meine resignierte Wir-schaffen-das-alles-nicht-Haltung positiv um."

So kann es also gehen. Aber nur wenige werden dermaßen gestärkt aus diesem weiblichen Grundkonflikt hervorgehen. Die meisten müssen das Problem anders lösen, und das heißt: Kompromisse eingehen.

Und schon sitzen wir in der Gewissensfalle, allzeit bereit, unsere Lebensweise zu überdenken, zu bedauern oder vehement zu rechtfertigen. Wer in latente Dauerkonflikte verstrickt ist, hat auch dauernd ein latent schlechtes Gewissen. Die Gelassenheit, die unser Leben so leicht und angenehm machen kann, ist dann zumindest phasenweise unauffindbar. Da tröstet es wenig, dass auch immer mehr Väter auf der Suche nach einer neuen Balance in eine ähnlich gelagerte „Zwickmühle zwischen privaten und beruflichen Zwängen" geraten, wie uns der bayerische Familienbericht glaubhaft versichern will. Wen wundert es eigentlich noch, dass immer mehr Frauen lieber auf Kinder verzichten, als sich freiwillig in dieses Grundsatzdilemma zu stürzen?

6

100 % Verantwortung und an allem schuld?
Allein erziehen

„Zur Erziehung eines Kindes braucht man ein ganzes
Dorf."
(Aus Afrika)

Alles vermasselt?
Selbstvorwürfe in Trennungssituationen

„In meinem Kopf bin ich schon weit. Ich bin sozusagen
schon am Einrichten meiner neuen Wohnung, aber mein
Herz weiß noch nicht, was es machen soll. Meine Tochter hängt natürlich sehr an ihrem Papa. Vor allem ist sie
hier sehr glücklich. Sie hat viele Freunde, eine tolle Kita,
sie kann rauslaufen, spielen, sich austoben. Das alles
würde ich ihr nehmen."

„Man mag es nicht glauben, aber vor der Schwangerschaft waren wir wirklich glücklich, zumindest dachte ich
das. Und wir wollten auch immer Kinder und sprachen
über Heirat. Mittlerweile mag ich gar nicht mehr um
ihn kämpfen und weiß auch, dass ich mich um meiner
selbst willen trennen muss. Ich glaube, dass ich es auch
meiner Kleinen schuldig bin …"
(beides anonym, aus einem Internetforum)

Rund 2,5 Millionen alleinerziehende Frauen leben derzeit
in Deutschland, Tendenz steigend. Nur wenige exotische
Exemplare haben sich ganz bewusst diese Lebensform aus-
gesucht – frei nach dem frauenbewegten Motto „Kind ja –
Mann nein". Alle anderen sind unfreiwillig Single-Mamas

geworden, fast immer durch Trennung oder Scheidung. Meistens sind es sogar die Mütter selber, die den Schritt heraus aus einer unglücklichen Beziehung gehen. Lieber riskieren sie finanzielle Einbußen und andere Unannehmlichkeiten, als im sicheren Hafen der Ehe perspektivlos vor sich hinzudümpeln. Fast alle von ihnen meistern das Leben mit ihren Kindern nach dieser kleinen Kurskorrektur gewissenhaft und gut.

Und obwohl diese Frauen ihr Familienschiffchen wieder gründlich auf Vordermann und guten Kurs bringen, quälen sie sich häufig mit Gewissensbissen herum. Selbstzweifel und das Gefühl, versagt zu haben, nagen an ihrem Selbstwertgefühl. Sie machen sich Sorgen um die Kinder und stellen sich bohrende Fragen: Schaffe ich das alles? Ist das die richtige Entscheidung? Werde ich es bereuen? Werden meine Kinder mir das verzeihen?

Oft schwanken Frauen in Trennungssituationen zwischen den Extremen: Ist nicht der Mann schuld an allem? Der, an den wir uns aus mittlerweile völlig unerfindlichen Gründen jahrelang geklammert haben? Der, der sich sowieso nie genug um mich und die Kinder gekümmert hat?

Solange Wut und Enttäuschung dominieren und das Schimpfen richtig guttut, ist der Trennungsschmerz erträglich. Schlimmer wird es dann, wenn die Selbstanklage droht. Wenn sich der unangenehme Gedanke einschleicht, vielleicht doch selber diejenige zu sein, die alles vermasselt hat. Wenn sich quälende Überlegungen breit machen, was man hätte besser machen und ob man die Beziehung nicht doch irgendwie noch hätte retten können.

Auch wenn es die steigenden Scheidungsquoten suggerieren: Keine Mutter trennt sich leichtfertig von dem Mann an ihrer Seite. Im Gegenteil: Die meisten kämpfen – lange bevor sie sich endgültig entschließen zu gehen – hartnäckig um den Erhalt der Partnerschaft. Oft angeblich „der Kinder zuliebe", aber wohl auch, um sich selber möglichst lange die enttäuschende Einsicht zu ersparen, dass das gemeinsame Projekt „harmonische Kleinfamilie" endgültig gescheitert ist. Der Traum vom glücklichen Familienleben scheint geplatzt, wer will das schon so einfach hinnehmen? Sich von dem Vater der eigenen Kinder zu trennen heißt nicht nur, einen einstmals geliebten und vertrauten Menschen loszulassen, sondern auch, Abschied nehmen zu müssen von einer Möglichkeit, einer Hoffnung, einem Lebensentwurf.

Mütter treffen die Entscheidung, sich zu trennen, nach gründlichen Abwägungen, vielen Grübeleien und wohl wissend, dass auch die Kinder unter einer schlechten Beziehung der Eltern leiden. Sie handeln also durchaus verantwortungsbewusst.

Trotzdem sind sie es selbst, die sich vor den inneren Gerichtshof zerren und das Gefühl haben, sich verteidigen, erklären, rechtfertigen zu müssen: vor sich selbst, den Kindern, Freunden und Bekannten. Kommen dann noch Vorwürfe von Mutter oder Schwiegermutter hinzu, sind die selbstgebastelten Schuldgefühle perfekt. Sogar Frauen, die von ihren Männern verprügelt werden, fühlen sich manchmal dafür verantwortlich: Ich habe ihn ja auch provoziert, heißt es dann. Sie bringen ihrem eigenen Peiniger sogar noch Verständnis entgegen. So oder so: Zurück bleibt der schale Geschmack des Gefühls, irgendwie versagt zu haben.

Doch wer immer nur nach Schuld sucht – bei sich oder bei anderen – vermeidet auch den selbstkritischen Blick auf das Geschehene. Denn um Schuld geht es ja gar nicht wirklich. Nicht die Frage „Was habe ich falsch gemacht?" ist von zentraler Bedeutung. Viel interessanter ist zu überlegen: Wie hat sich unsere Beziehung verändert? Was habe ich vermisst, und wie habe ich mich gefühlt? Was habe ich dazu beigetragen, dass sich die Dinge so entwickelt haben? Was habe ich alles versucht, um die Beziehung zu retten?

Verständnis für sich und seine Verhaltenweisen zu entwickeln und sich dabei wohlwollend zu begegnen, wäre ein schönes Ziel. Denn sich in einer ohnehin schon schwierigen Lebenslage auch noch mit Selbstvorwürfen zu malträtieren, kann nicht wirklich heilsam sein.

Ein Trennungsprozess ist ein komplexer Vorgang, für den man viel Zeit, Geduld und manchmal auch psychologische Hilfe benötigt. Doch wer diesen Weg bewusst geht, kann eine Menge über sich lernen. Manchmal fängt man auch an, sich richtig prima zu finden. Und irgendwann wird man Frieden schließen können mit der eigenen Biografie, dem Ex und – was das Wichtigste ist – mit sich selber.

Wut tut gut – doch manchmal steht sie uns im Weg

Kennen Sie das: Die frisch getrennte Freundin ist sauer auf ihren Ex-Mann. Erst hat er sie mit dem Kind sitzen lassen und ist mit einer anderen durchgebrannt. Und jetzt will der unverschämte Kerl auch noch das Sorgerecht!

Wie ist Ihre spontane Reaktion: Sind Sie empört, entsetzt? Und schimpfen Sie gleich herzhaft mit?

Wahrscheinlich. Denn im Allgemeinen schlagen wir uns ziemlich schnell und ziemlich kritiklos auf die Seite derer, die sich selbst als Opfer sehen. Das ist verständlich und als spontane freundschaftliche Geste auch durchaus nützlich: Die unglückliche Freundin sieht sich bestätigt in ihrer Wahrnehmung, ihrer Hilflosigkeit und ihrer Ohnmacht. Sie fühlt sich zumindest für einen Moment nicht mehr so schrecklich allein, denn sie hat eine Verbündete in ihrem Leid gefunden, jemanden, der sich rückhaltlos solidarisch erklärt.

Doch auf die Dauer ist es nicht hilfreich, die Schuldzuweisungen anderer zu übernehmen oder gar zu schüren. Als Außenstehende wissen wir viel zu wenig über die Abläufe innerhalb des komplizierten Beziehungsgeflechtes anderer Menschen, um uns selber ein angemessenes Bild davon machen zu können, wer wofür verantwortlich zu machen ist. Wir wissen nicht, wie sich dieser Mann fühlte, worunter er gelitten haben mag und welche Schwierigkeiten es womöglich schon vorher in der Beziehung gab. Solange man nicht die andere Perspektive kennt, ist es ratsam, sich mit einem Urteil zurückzuhalten. Vielleicht sollten wir uns überhaupt abgewöhnen, den Stab über andere zu brechen, denn wir möchten ja selbst nicht abgeurteilt werden – schon gar nicht, wenn wir nie die Chance hatten, *unsere* Sicht der Dinge darzulegen.

Auch Ihre Freundin profitiert letztlich nicht davon, wenn Sie den Mann schlechtmachen, den sie doch einmal liebte. Vielleicht können Sie versuchen, differenzierter hinzusehen und zu fragen: Was genau ist es, was dir so viel Kummer macht? Was brauchst du jetzt, wie kann ich dir helfen?

Wollen wir jemandem in schwierigen Situationen zur Seite stehen, müssen wir seine Traurigkeit und seine Hilflosigkeit ertragen. Das fällt uns – je nach eigener Gemütslage – manchmal leicht, aber oft auch ziemlich schwer, weil es uns mit unseren eigenen Erfahrungen von Trauer und Hilflosigkeit konfrontiert. Dann schützen wir uns selber, indem wir mitschimpfen. Das ist leichter und viel angenehmer, als zugeben zu müssen: „Ich fühle mich nicht in der Lage, dir beizustehen, weil es so viel Ängste bei mir auslöst." Aber wäre es nicht manchmal ehrlicher?

Raus aus der Opferrolle: Von sich selber sprechen und Verantwortung übernehmen

Fühlen Sie sich auch manchmal ungerecht behandelt? Ihr Kind nörgelt lauthals herum, obwohl Sie sich doch nun wirklich viel Mühe geben. Der Ex-Mann holt zum x-ten Mal zu spät die gemeinsame Tochter ab, und der Lehrer Ihres Sohnes guckt auch schon wieder so vorwurfsvoll. „Mein Kind nervt mich", „Der Kerl treibt mich noch mal in den Wahnsinn" und „Der Lehrer hat etwas gegen mich". So oder so ähnlich würden Sie es vielleicht formulieren?

Versuchen Sie es doch mal andersherum und fragen Sie sich: Was nehme ich eigentlich genau wahr? Was löst das in mir aus? Die Antworten könnten jetzt lauten: „Ich fürchte, meinem Kind keine gute Mutter zu sein", „Ich fühle mich von meinem Ex-Mann nicht respektiert" oder „Ich habe Sorge, für inkompetent gehalten zu werden".

Spüren Sie den Unterschied?

Wir neigen dazu, das Verhalten anderer Menschen zu schnell zu interpretieren und auf uns selbst zu beziehen. Manchmal unterstellen wir anderen sogar böse Absichten und tun ihnen damit ganz schön Unrecht.

Auch sollten wir mehr darauf achten, die Verantwortung für unsere Empfindungen zu übernehmen. Denn Ihr Kind hat keineswegs die Absicht, Sie zu nerven. In der Regel verfolgt es ganz andere Ziele: Vielleicht langweilt es sich (dann will es beschäftigt werden), fühlt sich schlecht (dann braucht es Trost) oder ist einfach müde (dann braucht es Schlaf). Oder aber es will etwas gegen Ihren Willen durchsetzen, Süßigkeiten bekommen oder Fernsehen gucken. Sein „nervendes" Verhalten aber ist auch in diesem Fall nur Mittel zum Zweck („Ich quengle so lange, bis sie nachgibt und ich kriege, was ich haben will"). Sicher geht das mitunter an Nerven und Nieren! Wichtig ist nur, den Unterschied festzustellen: Das Kind handelt nicht bewusst, um Sie zu nerven (so betrachtet ist die Aussage „Mein Kind nervt mich" unzutreffend), sondern das Kind handelt in einer bestimmten Weise, und Sie reagieren darauf mit einem bestimmten Gefühl („Ich bin genervt von dem Verhalten meines Kindes").

Weil wir fürchten, abgelehnt oder nicht genügend respektiert zu werden, holen wir rasch zum Präventivschlag aus.

Noch bevor wir die Ursachen des Verhaltens eines anderen kennen, sind alle Schotten dicht und wir beleidigt. Gerne schieben wir anderen die Schuld für unsere unangenehmen Gefühle in die Schuhe und machen Vorwürfe. „Du machst mich wütend" heißt in Wirklichkeit also vielleicht eher „Ich fühle mich so hilflos", und ein „Du verletzt mich" wird zu einem „Ich bin traurig und gekränkt".

Wenn wir üben, unsere Empfindungen besser wahrzunehmen und möglichst konkret zu benennen, erhalten wir mehr Klarheit über uns und unsere aktuelle Befindlichkeit. Wünsche und Bedürfnisse kristallisieren sich heraus, und wir lernen unsere Ängste kennen. Die Chance, daran zu wachsen, sollten wir nutzen.

Lieber selber alles falsch machen als anderen alles recht

In den 70er Jahren galt Scheidung als anrüchig, und alleinerziehende Mütter von sogenannten „Schlüsselkindern" genossen einen höchst zweifelhaften Ruf. Das hat sich zum Glück weitgehend verändert. Auch wenn die Rahmenbedingungen nach wie vor nicht optimal sind und die Vereinbarkeit von Beruf, Kindern und Haushalt immer noch ein Dauerproblem ist, so hat sich doch der Fokus ein wenig verschoben. Immerhin ist man mittlerweile eher geneigt, das Phänomen „Allein Erziehen" auch als Folge soziokultureller Veränderungen zu begreifen. Es wird allerdings immer jemanden geben, der den Betroffenen persönliches Versagen vorwirft und sich auserkoren fühlt, den moralischen Zeigefinger zu heben.

Und natürlich hängen den Single-Müttern Vorurteile an: Das Klischee der ewig gestressten Alleinerziehenden wird in den Medien allzu gern bedient und erscheint mittlerweile schon unaufgefordert vor unserem inneren Auge, wenn uns das Wort „Dreifachbelastung" auch nur gedanklich streift

(Frau im Business-Kostüm, laut quakendes Kind auf einem Arm, überquellende Einkaufstüte auf dem anderen, die Aktentasche mühsam unter den Ellenbogen geklemmt).

Müssen wir deshalb den Gegenbeweis antreten? Niemand wird es Ihnen lohnen, wenn Sie sich zusätzlich zu der mühseligen Versorgungs- und Erziehungsarbeit, die Sie ohnehin schon leisten, noch ein Bein ausreißen, um es „allen" zu zeigen. Wem eigentlich? Sich selber, der Mutter, dem Ex? Noch nicht mal die Kinder werden es Ihnen danken, denn sie lieben ganz normale Menschen mit ganz normalen Macken, Fehlern und Unzulänglichkeiten, Leute zum Anfassen, zum Kuscheln und Streiten. Kinder wollen keine perfekten Mütter, sie brauchen ein aufrichtiges Gegenüber.

Auch andere Mütter sehen es nicht gerne, wenn eine andere immer alles im Griff hat, denn es konfrontiert sie mit ihren eigenen Unzulänglichkeiten. Ambitionierte Mütter reagieren deshalb aufeinander gerne mit einer argwöhnischen Mischung aus maßloser Bewunderung und hemmungsloser Ablehnung.

Worauf warten, wenn Sie auch heute schon frei nach dem Motto leben können: Gut genug genügt? Gestalten Sie Ihr Leben, wie es Ihnen und Ihren Kindern gefällt. Haben Sie den Mut, unkonventionelle Dinge zu tun und Neues auszuprobieren. Nur wer nichts tut, kann auch nichts falsch machen. Aber das wäre ja schließlich auch irgendwie langweilig. Oder?

Die Trauer des Kindes und das schlechte Gewissen

„Nachdem ich ausgezogen war und endlich das Gefühl hatte, wieder frei atmen zu können, merkte ich, dass es meinen Kindern überhaupt nicht gut ging. Da bastelte ich uns ein neues gemütliches Nest, das sie überhaupt

nicht haben wollten! Sie vermissten ihren Papa und ihr
altes Leben. Ich konnte das ganz schlecht aushalten. Und
das Schlimmste daran war: Ich war schuld, denn ich
hatte mich von ihrem Vater getrennt. Sie mussten leiden,
damit es mir nun besser ging.“ (Marliese, zwei Kinder)

Mütter, die nach einer Trennung schwungvoll ein neues Leben beginnen wollen, werden oft zeitverzögert von der Trauer des Kindes gebremst. Der Sechsjährige nässt wieder ein, ein Kindergartenkind verhält sich aggressiv, oder die kluge Tochter schreibt plötzlich schlechte Noten. Als wäre nicht alles schon kompliziert genug! Kinder haben oft selbst ein schlechtes Gewissen, weil sie insgeheim davon überzeugt sind, schuld an der Trennung der Eltern zu sein. Häufig geraten sie in Loyalitätskonflikte und versuchen verzweifelt, ihre Liebe gerecht zwischen Mama und Papa aufzuteilen, ohne dem jeweils anderen dabei auf die Füße zu treten. Immer wieder passiert es, dass ein Kind beiden getrennten Elternteilen gleichermaßen glaubhaft versichert, ausschließlich bei ihm wohnen zu wollen – worüber sich die Eltern dann allerdings wieder vortrefflich streiten können.

All diese kindlichen Reaktionen auf die veränderte Situation zu verstehen und auch aushalten zu können, ist eine große Kunst. Wir können es ja kaum ertragen, wenn es unseren Kleinen nicht gut geht. Sehen wir es nicht als unsere vordringliche Aufgabe, dafür zu sorgen, dass sie fröhlich und ausgelassen sind, guten Mutes oder zumindest weiter unauffällig funktionieren wie bisher? Ungern werden wir an den Kummer erinnert, den wir verursacht haben oder zumindest nicht verhindern konnten. Schon der Gedanke daran, dass unser Kind traurig sein könnte, lässt unser Gewissen Alarm schlagen: Wir fühlen uns schuldig an seinem Unglück – und das, obwohl wir ursprünglich angetreten sind, unserem Kind genau solche Katastrophen zu ersparen. Schon sehen wir es vor unserem inneren Auge als jungen Erwachsenen depressiv auf dem Therapeutensofa liegen und einem weiß bekittelten Psychiater detailliert von den traumatischen Schäden berichten, die wir seiner kleinen Kinderseele einst zufügten.

Damit wir nicht mit unserem schlechten Gewissen konfrontiert werden, versuchen wir manchmal, die Kinder über ihre Traurigkeit hinwegzutrösten. Wir sagen lieber „Aber du kannst Papa doch am Wochenende besuchen" statt „Ich verstehe, dass du traurig bist", oder sind geneigt, das Kind so zu manipulieren, dass es wieder froh wird. Ein schönes Geschenk, ein leckeres Eis, ein teurer Ausflug: All das wird einem trauernden Kind nicht wirklich helfen, wenn es nicht auch ab und zu ganz ausdrücklich weinen oder wüten darf. Manche Kinder fressen Kummer in sich hinein und leiden still vor sich hin, nur weil sie fürchten, dass Mama es nicht ertragen könnte, sie traurig zu sehen.

Indem wir aber über die Empfindungen der Kinder hinweggehen und sie aus Selbstschutzgründen herunterspielen, vermeiden wir den Kontakt zu unseren eigenen Gefühlen. Sie hindern uns daran, das zu tun, was wichtig wäre: die Verantwortung für unsere Entscheidung zu übernehmen und dem Kind in seiner Trauer beizustehen. Aus dieser Schuldspirale herauszukommen ist für alle Beteiligten von Vorteil.

Machen Sie sich klar,

- ⁕ dass Sie nicht „schuld" am Kummer Ihres Kindes sind, sondern dass Trauer eine natürliche, gesunde und heilsame Art ist, Abschied zu nehmen.

- ⁕ dass die Trennung eine verantwortungsbewusste Entscheidung ist, die dem Kind das Aufwachsen zwischen unglücklichen Eltern erspart.

* dass Ihr Kind, wenn es seine Trauer benennen und ausleben darf und dabei aufmerksam begleitet wird, die besten Chancen hat, glücklich und zufrieden heranzuwachsen.

* dass Ihr Kind mit Ihrer Unterstützung an der Situation reifen kann, da sich die Fähigkeit, Krisen zu meistern, auch erst in Krisen entwickeln kann.

* dass auch Sie darüber traurig sein dürfen, wenn Ihr Kind traurig ist.

Bloß ein Restposten? Status und Selbstverständnis

„Ich habe sehr oft ein schlechtes Gewissen, weil ich meiner Tochter keine intakte, ‚heile' Familie bieten kann. Auch bin ich ihr kein gutes Vorbild in Sachen Partnerschaft. Und ich glaube außerdem, den fehlenden Vater wettmachen zu müssen." (Barbara, ein Kind)

„Allein erziehen macht krank" lautete eine Hiobsbotschaft, die vor einiger Zeit durch die Presse geisterte. Eine wissenschaftliche Untersuchung hatte ergeben, dass Single-Mamas viel häufiger Pillen gegen Depressionen, Schlafstörungen und Schmerzen schlucken und doppelt so häufig psychisch krank werden wie verheiratete Mütter. Auch seien sie sehr viel stärker gefährdet, unter dem Burn-out-Syndrom zu leiden. Interessanterweise geht es alleinerziehenden Vätern ganz anders: Sie sind im Schnitt genauso gesund und munter wie verheiratete Männer.

Wie kommt es aber, dass alleinstehende Mütter so häufig erschöpft und ausgepowert sind? Liegt es sozusagen in der Natur der Sache – wie die Zeitungsmeldung suggeriert –, und eine Frau wird von dem Umstand, alleinerziehend zu sein, zwangsläufig krank? Ist die dauernde Mehrfachbelastung schuld, die durch Job, Kinder und Haushalt entsteht? Sind es vor allem die psychischen Spuren schmerzhafter Trennungen, die bei dieser Untersuchung zu Buche schlagen? Oder ist die schlechtere finanzielle Situation der Single-Mamas schuld an der Misere?

Sicherlich ist der Alltag Alleinerziehender anstrengend und mitunter mühselig. Doch auch in Ehepaarfamilien ist die Versorgung und Erziehung der Kinder, das Wäschewaschen, Putzen und Kochen weitgehend Frauensache geblieben. Und auch viele verheiratete Mütter verdienen mittlerweile eigenes Geld.

Doch stehen nicht Single-Mütter vielmehr unter dem ungeheuren Druck, beweisen zu müssen, dass sie es schaffen? Müssen sie nicht zusätzlich dem kritischen Blick von außen standhalten, den man zumindest fürchtet? Die Vorstellung, keine „intakte" Familie zu sein, dem nach wie vor geltenden Ideal des Vater-Mutter-Kind-Modells nicht entsprechen zu können, ist ein Stressfaktor, der das Selbstwertgefühl empfindlich stören kann.

Sicherlich: Es gibt mittlerweile so viele Alleinerziehende in Deutschland, dass man annehmen könnte, es handele sich um eine ganz normale, gesellschaftlich akzeptierte Lebensform. Doch ist das wirklich so? Wie ist dann zu erklären, dass in der Öffentlichkeit immerzu vom „Zerfall der Familie" geredet wird? Ist die Ein-Eltern-Familie also doch nur eine Ruine, der zurückgebliebene Teil eines Ganzen, ein Reststück? Sind Alleinerziehende bloß ein „Restposten", wie mich ein Bekannter seinerzeit titulierte?

Der Mangel an gesellschaftlicher Wertschätzung, unter dem alleinerziehende Mütter nach wie vor leiden, ist ebenso eklatant wie offensichtlich. Dass sie selbst unter widrigen Umständen und intensiver Stressbelastung engagierte und kompetente Erziehungsarbeit leisten, wird in der Öffentlichkeit selten thematisiert und noch seltener gewürdigt. Single-

Väter erfahren dagegen weit mehr Anerkennung oder erregen doch wenigstens wohlwollende Aufmerksamkeit. Und das, obwohl es ihnen (zumindest statistisch betrachtet) sowohl gesundheitlich als auch wirtschaftlich deutlich besser geht als den Mütter-Familien.

Unter diesen Umständen fällt es vielen Solo-Mamis schwer, sich selbstbewusst zu positionieren, stolz auf die eigene Familie zu sein und der sozialen Ignoranz zu trotzen. Oft richten sie selber ihren Blick auf das Defizitäre, das Unperfekte und Schwierige in ihrer Familie und nehmen gar nicht mehr wahr, was alles gut läuft und sich positiv entwickelt. Fehlende Anerkennung von außen und mangelnde eigene Wertschätzung verstärken Schuldgefühle und schüren Versagensängste, die dann selbst wiederum Stress verursachen und Energie abziehen.

Schön wäre es schon, wenn den alleinerziehenden Müttern endlich die soziale Anerkennung zukäme, die sie verdienen. Da es aber noch eine kleine Ewigkeit dauern könnte, bis sich Familienfreundlichkeit flächendeckend über unser Land ausbreitet, müssen sich die Betroffenen darin üben, sich selber gut zu finden. Wem es gelingt, die eigene Arbeit und Leistung wertzuschätzen, wird auch unabhängiger davon, was andere denken. Die eigene Lebenssituation zu akzeptieren und die eigene Familie als vollwertig zu betrachten, ist eine gute Voraussetzung dafür. Arbeiten wir daran!

Betrachten Sie sich liebevoll:
Schärfen Sie Ihren Blick für das Positive!

* Was gefällt Ihnen an Ihren Kindern?
* Was mögen Sie an sich selbst besonders gerne?
* Welche schwierigen Situationen haben Sie schon gemeistert?

* Was gelingt Ihnen täglich problemlos? Würdigen Sie das auch angemessen?
* Was schätzen andere an Ihnen, z. B. Ihre Kollegen, Bekannten, Freundinnen?

Das private Bonusheft: Sammeln sie Ihre eigenen Pluspunkte!

Legen Sie sich ein kleines Tagebuch zu, in dem Sie jeden Abend mindestens fünf Dinge eintragen, die Ihnen tagsüber gut gelungen sind. Was hat Spaß gemacht, wo hatte ich Erfolg? Was habe ich Schönes mit meinem Kind erlebt? Was habe ich mir Gutes getan?

Krank und kriminell? Die Sorge um die Kinder

„Ich habe ein schlechtes Gewissen, wenn es meinem Kind nicht gut geht – besonders wenn ich nicht bei ihm sein kann, weil ich arbeiten gehen muss. Ich fürchte dann, meinem Kind könne es fortan immer schlecht gehen, und ich bin ganz alleine schuld daran.“ (Nicole, ein Kind)

Das Bewusstsein, ganz allein für die Versorgung, Erziehung und Entwicklung der Kinder verantwortlich zu sein, erzeugt bei vielen Frauen unglaublichen Druck. Wer das alleinige Sorgerecht hat, hat es ja schriftlich: Man darf alles bestimmen und muss alles entscheiden, und zwar meistens mutterseelenallein. Da muss man schon alles „richtig" machen! Viele Single-Mütter leiten daraus den unrealistischen Anspruch ab, besonders gute Erziehungsleistungen erbringen zu müssen. Die Überforderung ist programmiert, Dauerstress und Versagensgefühle inklusive.

Schuldgefühle von Alleinerziehenden entstehen meistens aus der Sorge um das Kind: Kümmere ich mich genug, fördere ich es ausreichend? Verbringe ich genug Zeit mit ihm? Leidet meine Tochter, wenn ich ihr nicht die teuren Markenschuhe kaufen kann? Fehlt meinem Sohn der Vater als Vorbild, um glücklich zu werden?

Kein Wunder, denn lange wurde in der Wissenschaft das Augenmerk ausschließlich auf die Defizite der Ein-Eltern-Familie gelegt. Zahlreiche Studien bestätigten immer wieder, dass die meisten kriminellen Jugendlichen aus zerrütteten Familienverhältnissen stammten und ohne Vater aufwuchsen, sogenannte Scheidungswaisen häufiger in der Schule versagten und später beziehungsunfähig wurden. Noch vor Kurzem verkündeten israelische Professoren, Kinder aus geschiedenen Ehen litten im späteren Leben häufiger an Depressionen als Erwachsene, die unter vergleichbaren Bedingungen in einer „heilen" Familie aufwuchsen, und dass sich die Scheidung der Eltern weitaus traumatischer auf Kinder auswirke als der Tod des Vaters oder der Mutter. Ganz unabhängig davon, ob die Scheidung an sich so verheerende Auswirkunken auf die Kinder hat oder vielmehr deren Begleit- und Folgeerscheinungen und ob sich diese Erkenntnisse überhaupt ungeprüft auf unsere Kultur übertragen lassen: Die Angst vieler Alleinerziehender, unglückliche Menschen heranzuziehen, wird durch solche Nachrichten nur einmal wieder geschürt.

Ist die Sorge der Single-Mamas berechtigt? Nein. Denn natürlich gibt es längst Studien, die das Gegenteil beweisen. So haben Remo H. Largo und Monika Czernin in ihrem verdienstvollen Buch *Glückliche Scheidungskinder* deutlich gemacht, dass eine gesunde Kindesentwicklung weniger von der Familienform abhängt, in der es aufwächst, als vielmehr von der Art und Qualität der Beziehungen, in denen das Kind lebt. Und auch die Psychologen Matthias Ochs und Rainer Orban betonen, dass Kinder aus Ein-Eltern-Familien „nicht häufiger psychische oder soziale Störungen aufweisen, sondern oft sogar über bessere soziale Kompetenzen und eine größere psychische Reife verfügen als Kinder aus Zwei-Eltern-Familien".

Nicht jedes Problem Ihres Kindes hat zwangsläufig mit der Tatsache zu tun, dass Sie alleinerziehend sind. Lassen Sie sich auch in Gesprächen mit Erzieherinnen und Pädagogen nicht mit der oft unausgesprochenen Floskel „Da fehlt eben der Vater" abspeisen. Denn ob alleinerziehend oder nicht: Konflikte und Schwierigkeiten gibt es schließlich in allen Familien!

Ich selbst war Anfang zwanzig und alleinerziehend, als mir ein pädagogisch studierter Mann glaubhaft versicherte, dass meine Tochter keinen „Schaden" habe und ich mir keine Sorgen über ihre Entwicklung zu machen bräuchte, „nur" weil sie ein Trennungskind sei. Sie werde eine ganz normale junge Frau werden! Ich war erschüttert: Wie konnte er das so tollkühn behaupten, wo doch alle anderen um mich herum immerzu mitleidige Sorgenfalten schlugen? Sorgen machte ich mir natürlich trotzdem, aber wenn ich meine mittlerweile erwachsene Tochter heute so betrachte, muss ich sagen: Der tollkühne Kerl hatte Recht!

Und wo bleibe ich? Die eigene Bedürftigkeit anerkennen

Aus ihrem überhöhten Anspruch heraus, alles perfekt machen zu müssen, tendieren Single-Mütter häufig dazu, permanent die Anliegen der Kinder in den Vordergrund zu stellen.

Sicher müssen wir unseren Blick auf das Wohlbefinden der Kinder richten. Wir alle möchten, dass es unseren Sprösslingen gut geht. Wer sein ganzes Leben aber ausschließlich um die Befindlichkeit des Kindes herum organisiert, verliert sich und seine eigenen Bedürfnisse langfristig aus den Augen. Das eigene Wohlergehen aber dauerhaft zur Nebensache zu erklären, macht krank oder unglücklich, zehrt nachhaltig an den Kräften. Was nutzt uns ein sauberes Gewissen, wenn uns vor lauter Erschöpfung überhaupt nichts mehr Spaß macht?

Der Raubbau an uns selbst kann auch die Beziehung zu unseren Kindern belasten: „Wenn die eigenen Bedürfnisse auf der Strecke bleiben, erwarten Mütter oft unbewusst, dass das Kind dankbar für ihre Aufopferung sein soll", berichtet die Gestalttherapeutin und Elterntrainerin Birgit Kaiser aus ihrer beraterischen Praxis beim Verband alleinerziehender Mütter und Väter. „Manche Mütter werden auch richtig sauer auf die Kinder und fangen an, sie ungerecht zu behandeln. Schlimmstenfalls machen sie die Kinder für ihre eigene schlechte Verfassung verantwortlich." Und das alles, weil sich die Mütter zu wenig um sich selber kümmern!

Die Balance zwischen den eigenen Belangen und denen der Kinder herzustellen ist eine echte Herausforderung. Sich selbst ernster zu nehmen und auch die eigene Bedürftigkeit anzuerkennen, wäre ein guter Schritt in die richtige Richtung.

Werden Sie also egoistisch! Beginnen Sie schon heute, besser mit sich umzugehen und nachsichtiger mit sich zu werden. Die Kinder sind das Wichtigste in Ihrem Leben? Nein! Sie selber sind es. Die süßesten Kinder der Welt haben nichts davon, wenn Ihre Nerven blank liegen und sich bei Ihnen nachhaltig das Gefühl durchbohrt, immer zu kurz zu kommen. Fragen Sie sich jeden Morgen: Was will ich heute Gutes für mich tun? Das braucht nichts Aufwändiges zu sein, manchmal genügen ein paar bewusst in unserem Sinn gestaltete Minuten, ein Nickerchen, ein Blumenstrauß oder ein Fußbad. Schenken Sie sich kleine Gesten der Aufmerksamkeit! Und manchmal brauchen Sie auch eine Auszeit: Die Kinder bei Papa oder Oma und Opa unterbringen, mit einer Freundin am Wochenende wegfahren oder einfach nur ausruhen. Gönnen Sie sich das, Sie haben es verdient.

Und sollte Sie das schlechte Gewissen davon abhalten wollen: Nehmen Sie es einfach mit. Packen Sie es in Ihren Koffer, stecken Sie es in Ihre Handtasche oder in eine Schublade. Es wird sich ohnehin rasch verflüchtigen, wenn Sie merken, dass es Ihren Kindern nicht schlecht geht, nur weil Sie gerade die Unverschämtheit besitzen, irgendwo anders Kraft zu tanken.

7

Wer ist die Beste?
Konkurrenz unter Müttern

„Es ist viel wertvoller, stets den Respekt der Menschen als gelegentlich ihre Bewunderung zu haben."

Jean-Jacques Rousseau

Von Heldenmuttis und PDA-Gebärenden: Geburt als Leistungswettbewerb?

Mütter von heute haben den Anspruch, ihre Kinder bewusst zu gebären. Vorbei sind die Zeiten, in denen die werdende Mutter sich im Krankenhaus von ihrem Kind „entbinden" und sich zwangsläufig zum Opfer krankenhäuslicher Routine degradieren ließ. Sie möchte die Geburt selbst gestalten, auf dass sie zum rundum schönen und ergreifenden Erlebnis für Mutter, Vater und Kind werde. Ob Haus- oder Wassergeburt, ob Kranken- oder Geburtshaus, ob Gebärhocker oder Kaiserschnitt auf Wunsch: Die Palette der Möglichkeiten ist breit. Schwangere sind heute bestens auf die Geburt ihres Kindes vorbereitet, beherrschen Atem- und Entspannungstechniken, sind medizinisch auf dem Laufenden und wissen genau, was auf sie zukommt. Zumindest theoretisch. Und manchmal wird es auch so ähnlich, wie sie es sich vorgestellt hatten, und alle Beteiligten sind anschließend glücklich und froh – zumal das Ergebnis ja atemberaubend beglückend ist und die massenhaft ausgeschütteten Hormone die durchgemachten Strapazen meistens schnell vergessen lassen.

Wenn es dann aber doch ganz anders kommt als erhofft, ist das die erste „Schlappe", die die Mutter einstecken muss.

Vermutlich tendieren manche Frauen deshalb dazu, Geburten im Nachhinein zu verklären. Stellt man ein oder zwei kritische Nachfragen, relativiert sich das Bild dann meistens recht schnell. Da war dann eben der Arzt im Krankenhaus ein typischer „Halbgott in Weiß", die Presswehen waren die Hölle oder ein Dammschnitt trotz monatelanger Mandelöl-Massage leider doch nicht zu umgehen.

Manche Mütter trauern, wenn sie einen Kaiserschnitt machen lassen mussten und ihr Kind nicht „spontan" zur Welt bringen konnten, wie sie sich das gewünscht hätten. Andere sind enttäuscht, weil sie sich angesichts der überdimensionalen Schmerzen für den Einsatz einer Rückenmarksspritze – der sogenannten Periduralanästhesie oder kurz PDA – entschieden haben, obwohl sie so gerne „tapfer" sein wollten.

Und einige sind nach einer Geburt regelrecht traumatisiert, wie die Schauspielerin Brooke Shields, die in ihrem Buch *Ich würde dich so gerne lieben* erstaunlich offen von der Geburt ihrer Tochter berichtet: „Nachdem ich endlose vierundzwanzig Stunden Wehen, unzählige Spritzen mit Antibiotika und Pitocin sowie die Epiduralanästhesie ertragen hatte, war mein Muttermund erst drei Zentimeter weit geöffnet. Dr. Rebarber erklärte mir sanft, er müsse das Baby jetzt holen. Zu diesem Zeitpunkt war ich bereits sehr erschöpft und einfach nur erleichtert, dass jetzt endlich etwas geschehen würde. Ich dachte: Ich muss ja nicht unbedingt die Heldin spielen, und ich fühlte mich wirklich nicht stark genug, um noch irgendetwas irgendwo hindurchzupressen."

Schockiert ist sie dann von der Brutalität, mit der der Arzt das Kind holt: „Derselbe Mann, von dem ich bisher nur Wärme und Unterstützung erfahren hatte, drückte nun mit seinem gesamten Gewicht auf meinen Bauch. ... Ich spürte, wie er heftig zerrte, zog, sich auf mich stürzte und konnte es gar nicht fassen, mit welcher Gewalt hier vorgegangen wurde." Doch es kommt noch schlimmer: Nachdem die in Handtücher gewickelte neugeborene Tochter dem Vater übergeben worden ist, stellt der Arzt eine Uterusruptur fest. Neben Angst und Panik macht sich bei Brooke Shields nun auch das Gefühl breit, um etwas Wichtiges und Schönes betrogen worden zu sein: „Ich blutete eimerweise, während er unser perfektes, stirnrunzelndes, engelsgleiches Baby im Arm hielt. Ich starrte auf dieses strahlende Bild des Vaters mit seinem Kind und kam fast um vor Eifersucht, Angst und Wut. Ich wollte sofort an seiner Stelle sein. Nach allem, was ich durchgemacht hatte, sollte das hier die Belohnung sein? Ich hatte die ganze Arbeit geleistet und durfte nun die Früchte nicht genießen."

Selten berichten Mütter so offen über ihre Geburtserlebnisse und die damit verbundenen vielfältigen Empfindungen. Monatelang hatte sich die Schauspielerin darum bemüht, schwanger zu werden, was nach vielen Arztbesuchen, etlichen Hormonbehandlungen und mehreren künstlichen Befruchtungen endlich gelang. Eine glänzende Karriere hatte sie bereits hingelegt, nun schien ihr ein eigenes Kind als Krönung ihres bisher erfolgreichen Lebens: „Ein Baby war doch das Wichtigste, was meinem Leben fehlte, und ich hatte fest daran geglaubt, dass ein Kind alles vollkommen machen und in ein ganz neues Licht rücken würde. Wenn ich erst einmal Mutter war, würden all die verschiedenen Aspekte meiner Welt zusammenfließen, und das Leben würde so sein, wir ich es mir erträumt hatte; ich würde endlich wissen, wer ich wirklich war."

Dass diese hochgesteckten Erwartungen schon bei der Geburt nicht erfüllt wurden, enttäuschte die Schauspielerin zutiefst. Dass sie später unter einer postpartalen Depression und massiven Schuldgefühlen ihrem Kind gegenüber leiden wird, ist sicher nicht monokausal auf die schwere Geburt zurückzuführen. Dass sie daran aber einen maßgeblichen Anteil hat, ist immerhin zu vermuten.

Nur natürlich oder schon masochistisch? Von Geburtsdogmen und mütterlichen Rangordnungen

Die Moderatorin Lisa Ortgies polemisiert in der *Emma* gegen das angeblich unter Frauen herrschende Dogma, nur eine Geburt unter Schmerzen sei eine „natürliche" und „normale" Geburt: „Unsere Erziehung, Bildung und Kultur baut darauf auf, dass der Körper unter die Kontrolle des Verstandes gestellt wird. Man brüllt nicht vor Schmerzen, man winselt nicht um Erlösung. Enthemmte Gefühle werden allenfalls auf der Leinwand oder in der Psychiatrie toleriert. Urin, Kot, Blut, Erbrochenes fließen nur im eigenen Intimbereich und selten gleichzeitig. Aber eine Gebärende soll all diese kulturellen Schranken mit Betreten des Kreißsaals hinter sich lassen und das möglichst natürlich finden?"

Folgerichtig verteidigt sie vehement eine schmerzfreie Geburt und plädiert für den routinemäßigen Einsatz der PDA: „Das ist die segensreiche Erfindung, die es möglich macht, bei Bewusstsein, aber schmerzfrei zu gebären, die aber bei der Bewertung einer Geburt unter Müttern einen drastischen Punktabzug nach sich zieht. ‚Mit oder ohne PDA?' ist stets und immer die erste Frage, wenn es um den genauen Geburtsverlauf geht. Egal welchen sozialen Status oder welche beruflichen Erfolge die PDA-Gebärende in ihrem sonstigen Leben vorweisen kann – in diesem Moment wird sie sich jeder anderen Mutter, die gemäß dem biblischen Fluch ‚unter Schmerzen' geboren hat, unterlegen fühlen. Vielleicht sogar schämen, als wäre ihr die Medaille wegen Dopings aberkannt worden."

Der bitter-ironische Schluss, den sie daraus zieht: „In der Hackordnung frisch gebackener Mütter stehe ich mit PDA und Not-Kaiserschnitt fast ganz unten. Nach mir kommt nur noch der schon im Voraus geplante Kaiserschnitt."

In einem Mütterforum im Internet traf Lisa Ortgies' mit

spitzer Feder geschriebene Kolumne auf regen Zuspruch – und auf ebenso heftigen Widerspruch. Andere wiederum fragten, warum sie sich eigentlich so aufrege. Von wem sie sich angegriffen fühle? Ob sie womöglich selber das Gefühl habe, versagt zu haben und sich rechtfertigen zu müssen? Warum sonst müsse sie so polemisch werden?

Und in der Tat fragt man sich, worum die Autorin so hämisch auf Frauen herumhackt, die eigentlich nichts weiter verbrochen haben, als ohne chemische Keule gebären zu wollen. Ortgies interpretiert diesen Wunsch kurzerhand als Ausdruck typisch weiblicher Leidensbereitschaft: „Aber das noch größere Rätsel für mich ist der Ehrgeiz der Frauen, die ansonsten eher schmerzfrei durchs Leben gehen, sich freiwillig dieser Tortur auszusetzen. Suchen Sie die Herausforderung, weil Job, Alltag oder Beziehung sie nicht genug beanspruchen? Glauben Sie, nur unter Schmerzen eine echte Frau zu sein?"

Ach, Frauen. Warum ist es bloß so schwierig, sich gegenseitig zu respektieren? Warum kann eine Schwangere sich nicht für eine Geburt ohne PDA entscheiden, ohne gleich als „masochistisch" oder als „Heldenmutti" beschimpft zu werden? Und warum kann eine Frau, die mithilfe von PDA oder Kaiserschnitt ihr Kind auf die Welt gebracht hat, dies offensichtlich nicht ohne schlechtes Gewissen tun?

Spielplatzgespräche oder: Das kritisch beäugte Kind

Wer kleine Kinder hat und sich öfter unter jungen Müttern befindet, kennt das: Da sitzen Frauen bunt durcheinandergewürfelt auf dem Spielplatz und unterhalten sich ausgiebig über Windelsorten, Bio-Babybrei, Einschlafrituale und natürlich über die entwicklungstechnischen Fortschritte ihrer Sprösslinge. „Meiner kann schon laufen", berichtet die eine stolz. Eine andere findet es großartig, dass ihr elf Monate altes Töchterchen schon Zwei-Wort-Sätze sprechen kann, eine dritte freut sich, dass ihre Kleine mit zwei schon trocken ist.

Für eine vierte Mutter fühlt sich das Gespräch hingegen nicht so gut an, weil ihr Spross weder krabbelt noch spricht und für sein Alter sowieso etwas „zurück" ist. Sie beginnt sich Sorgen zu machen, ob denn alles normal sei mit ihrem Söhnchen, ob sie mit ihm nicht doch zur Logopädin oder Krankengymnastik gehen soll, ob sie womöglich etwas falsch macht. Eigentlich ist der Kleine gut drauf, fröhlich und neugierig, auch der Kinderarzt ist zufrieden, aber im Vergleich mit den anderen Kindern in seinem Alter ist er einfach ein bisschen hinterher! Schlimmstenfalls erntet sie von ihren Spielplatzkolleginnen mitleidige Blicke, manchmal einen gut gemeinten Ratschlag und bestenfalls ein aufmunterndes Schulterklopfen.

Man muss schon ein gutes Maß an Selbstsicherheit, viel Erfahrung oder einfach ein dickes Fell haben, um sich von anderen Müttern nicht irritieren zu lassen. Wohl jede Frau, deren Kind irgendwie „anders" ist oder auch nur ein kleines bisschen auffällt, fragt sich, ob bei ihrem Kind etwas falsch läuft. „Warum kann er denn noch nicht sprechen?" Diese Frage musste ich mir von vielen Müttern anhören, als mein jüngster Sohn knapp drei Jahre alt, quietschfidel, aber eben etwas mundfaul war. Woher sollte ich das wissen? Es war eben so! Als erfahrene Mutter trotzte ich monatelang standhaft den Unkenrufen, er habe wohl schlechte Ohren, und den unausgesprochenen Unterstellungen, er sei vielleicht ein kleines bisschen dumm geraten.

Als die Erzieherin aus dem Kindergarten mir in einem nett gemeinten Elterngespräch zu allem Überfluss aber mitteilte, die Sprachentwicklung meines Sohnes sei „noch nicht besorgniserregend", ihm aber „trotzdem" eine ergotherapeu-

tische Behandlung empfahl, wurde ich dann doch unruhig.
Der Sprachberater, bei dem ich mich später einfand, fragte
sofort, ob mich jemand geschickt habe. Ich erklärte ihm die
Situation, er schüttelte den Kopf. Mit meinem Sohn sei alles
in Ordnung. Er erlebe das immer häufiger, dass Mütter so
unnötig verrückt gemacht würden.

Dieser Eindruck trügt ihn wohl nicht. Denn auch viele
Kinderärzte registrieren, dass Eltern unter Druck geraten,
wenn sie auch nur die geringste Auffälligkeit bei ihrem Kind
zu entdecken glauben: „Eltern sind schnell alarmiert – und
das nicht nur, wenn das Kind kränkelt. Jede Abweichung
von der Norm wird registriert und begutachtet. Kämpften
Kinderärzte vor hundert Jahren oft noch um Leben und Tod
ihrer Patienten, geht es heute vor allem darum, dass sich
der Nachwuchs optimal entwickelt. Der Leistungsdruck ist
enorm, vonseiten der Kindergärten, der Schulen, anderer
Eltern. Wenn das Nachbarskind früher läuft als das eigene
oder besser spricht, fürchten Mütter und Väter, dass ihr
Nachwuchs nicht mithalten kann", heißt es in der *Zeit* vom
31.8.2006. Viele Eltern seien existenziell verunsichert und
fürchteten, dass ihre Kinder in der heutigen Gesellschaft
nicht bestehen könnten.

Ja, groß ist die Angst, das Kind nicht bestens zu fördern,
es nicht ausreichend auf die Erfordernisse des späteren Lebens vorzubereiten und dann womöglich später für sein Versagen verantwortlich gemacht zu werden. Wir sind in Zeiten
der inflationären Informationsvermittlung ja auch bestens
darüber im Bilde, was alles schiefgehen kann in der Entwicklung unserer Kinder. Und von allen Seiten bekommen wir
höchst unterschiedliche Tipps. Mütter raten sich im virtuel-
len wie im echten Leben gegenseitig oft Widersprüchliches,
und auch die Gelehrten streiten sich bekanntlich: Wie lange
soll ich stillen? Welcher Schnuller ist der beste? Ist das Schlafprogramm gut oder nicht? Soll man das Kind impfen lassen?

Es nutzt nichts, wir müssen selber denken. Alles, was uns Experten geben können, sind Empfehlungen, die wir annehmen oder dankend ablehnen können. Fast jeder Schulmediziner wird über die Gabe von Globuli milde lächeln, aber viele Mütter haben so gute Erfahrungen damit gemacht, dass sie auf ihre homöopathische Hausapotheke nie mehr verzichten würden. Umgekehrt wird ein Naturheilkundler Ihnen von einem Antibiotikum abraten, das Sie selber vielleicht für sinnvoll halten. Ein Orthopäde wiederum glaubt nicht an die heilsame Kraft der Osteopathie, obwohl andere darauf schwören.

Aber es geht um mehr als um eine gesunde Entwicklung. Es geht darum, das Kind fit zu machen für die Leistungsgesellschaft, es so zu stärken, dass es nicht untergeht im Wettbewerb um Erfolg, Geld und einen guten Job. So hat die Vorwerk-Familienstudie 2006 ergeben, dass im „Sorgenkatalog der Eltern" die Ängste um die Schulbildung, Ausbildung und Berufsfindung der Kinder an erster Stelle stehen – weit vor der Angst, dem Kind könne ein Unglück widerfahren!

Unter diesem Druck stehend versuchen viele Eltern, die Intelligenz des Kindes so früh wie möglich zu steigern: Schon im Mutterleib wird es mit Mozart bedudelt, als Wickelkind wird es mit „Baby Einstein"-DVDs zum frühen Sprechenlernen animiert, mit zwei kommt es in den Schwimmkurs, im zarten Altern von vier beginnt es Englisch zu lernen, besucht die musikalische Früherziehung oder tanzt eifrig Ballett.

Warum nicht, wenn es den Kindern doch Spaß macht? Aber das komplette Frühförderprogramm ist nicht immer im Interesse des Kindes, sondern dient manchmal eher der Gewissensberuhigung der Eltern: Ihnen kann man schließlich später keinen Vorwurf machen, irgendetwas verpasst zu haben. Und sie erhoffen sich, dass sich diese Investitionen später rentieren mögen, in Form von guten Noten, guten Leistungen, einem guten Selbstwertgefühl des Kindes. Schwer auszuhalten, wenn diese Rechnung dann nicht aufgeht: Wir haben unser Kind doch so gefördert, warum versagt es jetzt in der Schule? Warum ist es nicht glücklich, obwohl wir so viel Mühe und Kosten für unser Kind auf uns genommen haben? Die Hypothek eines Kindes ist hoch, wenn es schon sehr früh die Aufgabe auferlegt bekommt, sich möglichst schnell und gut entwickeln und möglichst früh möglichst vieles können zu müssen.

Am schnellsten lernt ein gepuschtes Kind, dass es über seine Leistung, sein Können Bestätigung und Anerkennung bekommt. Ist das aber wirklich erstrebenswert? Will ein Kind nicht genauso geliebt und geschätzt werden, wenn es im Kinderzimmer seine Spielzeugautos hin- und herschiebt, scheinbar sinnlos auf dem Bett herumhüpft oder bäuchlings auf dem Boden liegend in Bilderbüchern blättert? Hat es nicht dieselbe Zuneigung und Wertschätzung verdient, wenn es etwas langsamer denkt, läuft oder lernt als andere Kinder?

Manchmal fehlt Eltern einfach die Gelassenheit. Mehr Vertrauen in die selbstgesteuerte Entwicklung des Kindes zu haben, könnte hier hilfreich sein. So betont der renommierte Professor für Kinderheilkunde Remo Largo, dass „echtes Lernen selbstbestimmt und eigenständig" vonstattengeht: „Jedes Kind hat seine Stärken und Schwächen sowie sein ihm eigenes Entwicklungstempo. Das Kind ist auch nicht das Produkt beliebiger Erfahrungen. In jedem Lebensabschnitt reifen bestimmte Fähigkeiten und Verhaltensweisen heran, die es durch Erfahrungen verinnerlicht. So interessiert sich jedes Kind für Buchstaben, sobald die Fähigkeit zum Lesen herangereift ist. Diese Auffassung vom Kind und von seiner Entwicklung können Eltern und Erzieher kaum teilen, wenn sie annehmen, dass ein Kind umso größere Fortschritte mache, je mehr Wissen ihm angeboten wird und je mehr Fertigkeiten ihm eingeübt werden."

Was den mütterlichen Ehrgeiz angeht, gilt: Weniger ist mehr. Wer sein Kind aufmerksam beobachtet, weiß, was es braucht, um sich wohlzufühlen, und wofür es sich gerade interessiert. Darauf angemessen einzugehen, ist bekanntlich immer noch die beste Voraussetzung für eine gesunde kindliche Entwicklung.

Schöner, schneller, schlauer?
Warum wir vorsichtig mit Vergleichen sein sollten

Mütter scheinen eine ausgeprägte Neigung dazu zu haben, ihre Sprösslinge miteinander zu vergleichen. Natürlich ist es schön, sich auszutauschen, Erfahrungen miteinander zu teilen und sich gegenseitig zu helfen. Mütter sind oft ungeheuer kreativ, was die Gestaltung ihres Alltaglebens angeht. So manchen schlauen Haushaltstipp, so manche pfiffige Idee im Umgang mit eigenwilligen Minderjährigen kann man sich da voneinander abgucken. Doch welchen Sinn soll es haben, Kinder – besonders unter dem Leistungsaspekt – miteinander zu vergleichen?

Gut, Mütter suchen Bestätigung. Sie versuchen den Entwicklungsstand ihres Kindes einzuschätzen, indem sie beobachten, welche Lernfortschritte die Gleichaltrigen zeigen. Und sie wollen sichergehen, dass sie ihre Kinder genug fördern. Das ist verständlich. Dennoch birgt das ständige Vergleichen immer die Gefahr der Bewertung. Aus irgendeinem Grund finden Mütter es gut, wenn ihre Kinder früh dran sind – und nicht so gut, wenn es etwas länger dauert. Warum eigentlich? Sagt es etwas über den Wert ihres Kindes oder ihre Qualität als Mutter? Über ihre besonderen erzieherischen Fähigkeiten?

Wohl kaum. Also lassen Sie sich nicht blenden von scheinbar immer (selbst)zufriedenen Müttern. So manche Mutter, die herumposaunte, ihr Baby schlafe schon lange durch, wird irgendwann vielleicht doch mit dem Problem konfrontiert, dass es nun nachts stundenlang spielen will. Oder sie gesteht in einer ruhigen Minute, dass es *eigentlich* ja durchschlafe, und nur ab und zu mal kurz aufwache.

Als wäre es ein besonderer Verdienst, ein früh durchschlafendes Kind zu haben! Wenn es denn durchschläft: Glück gehabt! Genießen Sie es. Andere Mütter, deren gleichaltrige Kinder noch nicht durchschlafen, machen deswegen noch lange nichts falsch!

Herrlich ironisch schildert die Chefredakteurin des Familienmagazins urbia.de, Petra Fleckenstein, wie „sensibel" Mütter gelegentlich miteinander umgehen, wenn es um das Thema Durchschlafen geht: „Regiert in anderen Disziplinen vielleicht noch ein Rest von Fair Play, so wird beim Thema Schlafgewohnheiten der lieben Kleinen mit harten Bandagen gekämpft. Hier kennen scheinbar sanfte Mütter mit ihren Mitstreiterinnen kein Pardon. Schütten fahle und abgemagerte Kreaturen nach Monaten massiv gestörter Nächte verzweifelt ihr Herz aus, ernten sie Sätze wie: ‚Komisch, mein Anton schläft schon seit der ersten Nacht durch!' Und gestresste Mütter von notorischen Kurzschläfern, die es nie über einen 30-Minuten-Mittagsschlaf hinausbringen, werden von der vermeintlichen Freundin mit der Information gestärkt, dass deren zweifellos gelungenerer Spross jeden Nachmittag drei Stunden selig schlummert."

Egal, was andere Mütter Ihnen erzählen: Vertrauen Sie sich und Ihrem Kind. Lassen Sie sich nicht unter Druck setzen von der erfolgsorientierten Super-Mutti, die ein (vermeintlich) begabtes, besonders braves oder stets hübsch gekleidetes Kind als Auszeichnung ihrer selbst versteht und mit stolz geschwellter Brust vor sich herschiebt. Was sich hinter dieser Fassade abspielt, wissen wir ohnehin nicht, aber dass es auch nicht immer das pure Glück sein kann, lässt sich vielleicht ahnen.

Und natürlich sagt die Tatsache, dass ein Kind früh spricht, früh krabbelt, früh läuft, früh trocken wird oder früh liest, wenig über seine weitere Entwicklung aus. Remo Largo hat in seinem wunderbaren Buch *Kinderjahre* deutlich gemacht, wie groß die Zeitfenster sind, innerhalb deren sich bestimmte Fähigkeiten und Fertigkeiten entwickeln. Statt uns verrückt machen zu lassen, sollten wir unser Kind annehmen, wie es ist, es nicht puschen oder dauernd bespielen, in der Hoffnung, dass es dann besser, schneller, klüger werde. Wie heißt es so schön: „Das Gras wächst nicht schneller, wenn man daran zieht."

Also lehnen wir uns gelassen zurück und genießen die Zeit mit den Kindern, ohne uns allzu viele Sorgen um sie zu machen. Sie werden ihren Weg schon gehen, in welchem Tempo auch immer! Wenn wir ihnen das zutrauen und ihnen dieses Vertrauen auch vermitteln können, entlassen wir sie aus unserer eigenen Angst und dem Druck, etwas ganz Besonderes sein oder werden zu müssen.

Rabenmütter: Über Vorurteile

„Eines wissen alle Eltern auf der Welt: wie die Kinder anderer Leute erzogen werden sollten." Alice Miller

„Was mich unter Druck setzt, ist das gesellschaftliche Bild davon, wie eine gute Mutter zu sein hat. Auch manch andere Mutter vermittelt mir ein schlechtes Gewissen. Vielleicht um sich selbst dann als bessere Mutter zu fühlen?" (Belinda, ein Kind)

In einer Familienfreizeit in einer Jugendherberge verlässt Melanie nach einem lautstarken Streit mit ihrem Sohn sichtlich entnervt das Zimmer und schließt den

wütenden Fünfjährigen darin ein. Einige Mütter stehen auf dem Gang und verfolgen das Geschehen. Eine ist entsetzt: „Wie kann eine Mutter denn ihr eigenes Kind einsperren? Das kriegt ja einen Schaden!" Eine andere stimmt ihr empört zu: „Unmöglich! Das geht ja gar nicht." Eine dritte beschimpft Melanie kurzerhand als „Rabenmutter" und bezichtigt sie der „Kindesmisshandlung". Melanie bricht daraufhin in Tränen aus und versucht sich schluchzend zu rechtfertigen: „Ich liebe mein Kind über alles. Ihr wisst gar nichts von mir und wagt es, so über mich zu urteilen!"

In einem späteren Gespräch mit Melanie stellt sich heraus, dass sie sich im Zimmer mit ihrem Sohn so heftig gestritten habe, dass sie kurz davor gewesen sei, ihn zu schlagen. Schon öfter sei ihr die Hand ausgerutscht, und sie habe dies jedes Mal furchtbar bereut. Diesmal wollte sie ihr Kind auf keinen Fall wieder schlagen. Deshalb habe sie lieber das Zimmer verlassen, obwohl sie schon wusste, dass auch das nicht die „tollste Lösung" war. Sie sei aber so verzweifelt gewesen, dass sie keine andere Möglichkeit sah. Sie wollte – nachdem sie sich selber beruhigt hatte – den Streit mit ihrem Sohn schlichten. Sie war sich ihrer Probleme sehr wohl bewusst, zeigte sich selbstkritisch und war bereit, eine Erziehungsberatung in Anspruch zu nehmen.

Wir urteilen schnell über andere, ohne genau zu wissen, was geschehen ist. Was die Beobachterinnen als dramatischen Regelverstoß gegen die Gesetze der „guten Mutter" betrachteten, war für Melanie der Versuch, das Kind vor ihrer Aggression zu schützen – wohl wissend, dass es nicht in Ordnung ist, ein Kind in einem Zimmer einzuschließen.

Durch ihre laut geäußerte Empörung demonstrierten die anderen Mütter, dass sie sich selbst für bessere Mütter hielten, da sie ihrem Kind so etwas Schreckliches schließlich nie antun würden.

Natürlich ist es nicht in Ordnung, ein (wütendes) Kind irgendwo einzusperren. Und man sollte keinesfalls tatenlos zusehen, wenn einem Kind Unrecht geschieht. Couragiert einzuschreiten, wenn ein Kind geschlagen oder auf andere Weise schlecht behandelt wird, halte ich für unbedingt notwendig.

In diesem Fall half aber niemand dem Kind – und auch nicht der Mutter. Keine der Umstehenden kam auf die Idee, zu fragen, ob sie sich vielleicht um den Sohn kümmern solle, Melanie ein bisschen Unterstützung oder einfach mal jemanden zum Reden brauche. Stattdessen wurde sie vor Publikum beschimpft, erniedrigt und in ihrer Würde verletzt. Dass ihr kurzerhand die Zuneigung zu ihrem Kind und ihre mütterliche Kompetenz abgesprochen wurde, mag für Melanie das Schmerzlichste daran gewesen sein.

Auch Melanies Beweggründe will gar niemand wissen. Dass sie ihrem Kind Schlimmeres ersparen wollte, erfährt so auch niemand. Wie leicht ist es, unwissend zu bleiben, Melanie als „Rabenmutter" abzustempeln und ihr jede gute Absicht abzusprechen.

Warum fällt es Müttern manchmal so schwer, sich gegenseitig zu unterstützen? Können wir die Nöte anderer Mütter so schlecht erkennen? Sind wir heimlich froh, eine bessere Mutter zu sein, und profilieren uns auf Kosten der „schlechteren"?

Tatsächlich ist die Konkurrenz unter Müttern groß, und sie steigt in dem Maße, je unsicherer sie selbst sind. Je labiler unser mütterlicher Selbstwert, desto mehr müssen wir uns als wissende und gute Mütter darstellen und uns so selbst bestärken. Es ist einfach, andere Mütter schlecht zu finden, sie abzuwerten und sich über sie zu empören. Viel schwerer fällt es uns, uns ernsthaft mit Verhaltensweisen auseinanderzusetzen, die uns gegen den Strich gehen und nicht in unser Wertesystem passen.

Doch sollten wir uns lieber unsere eigenen Schwachstellen eingestehen, als uns auf Kosten anderer stark zu fühlen. Wir wollen schließlich auch nicht in Situationen, in denen wir uns hilflos fühlen, missbraucht werden, damit andere sich gut, groß und kompetent fühlen. Und ein bisschen Wertschätzung, Verständnis und Hilfsbereitschaft können Mütter schließlich auch gut gebrauchen.

Wer also dazu neigt, schnell über andere zu urteilen, sollte sich lieber mehr mit sich selbst beschäftigen und an seinem eigenen Selbstbewusstsein basteln:

---

* Was mag ich an mir, was mache ich gut?
* Darf ich stolz auf mich sein?
* Wo sind meine eigenen Unsicherheiten und Ängste?
* Kann ich sie vor mir eingestehen und mich trotzdem gut finden?

Dass selbstbewusste Menschen es weniger nötig haben, sich auf Kosten anderer zu profilieren, bestätigt die Manager-Trainerin Sabine Asgodom: „Wer sich selbst die Erlaubnis gegeben hat, sich zu mögen, wird spüren, dass die Sucht nachlässt, andere zu bewerten. Wir müssen nicht andere schrecklich finden, um uns besser zu fühlen." Und ausgestattet mit dieser Souveränität können wir dann auch anderen wertschätzend begegnen und bedürftigen Menschen unter die Arme greifen, ohne arrogant oder überheblich sein zu müssen. Zum Beispiel einer Melanie und ihrem Sohn.

Einmischen oder raushalten?
Ratschläge und andere Kommunikationskrisen

„Wenn ich mal wirklich darüber nachdenke, waren die größten Kritiker in meinem Dasein als Mutter immer andere Mütter. Egal, ob das jetzt Stillen, Familienbett, Impfen, Schlafprogramm oder Ähnliches betrifft.“

(Sarah, ein Kind)

„Wer mir ein schlechtes Gewissen macht? Kaum zu glauben: andere Mütter! Mütter sind untereinander sehr kritisch. Subtil, aber doch spürbar, machen sie einem gerne deutlich, dass Sie die besseren Mütter sind – manchmal nur mit ihrer Körpersprache und oft mit ‚guten‘ Ratschlägen.“

(Clara, zwei Kinder)

Stellen Sie sich vor, Sie haben ein Problem mit ihrem Kind und versuchen mit anderen Müttern darüber ins Gespräch zu kommen. Es könnten Ihnen folgende Gesprächspartnerinnen begegnen:

Die Mitleidige

Die Mitleidige zeigt sich bestürzt über die gravierenden Probleme, die Sie offensichtlich haben, und ist ernsthaft erschüttert. „O, wie schrecklich!“, ruft sie vielleicht mit schmerzverzerrter Miene. „Du Arme, du tust mir aber wirklich leid.“

Nun wissen Sie also definitiv, dass Ihre Sorgen abgrundtief und schwerwiegend sind. Sollen Sie sich nun besser oder noch schlechter fühlen als vorher? Einerseits wird Ihre Not ja ernst genommen – andererseits: Sind Sie wirklich so eine bemitleidenswerte Kreatur? Wer Mitleid erntet, fühlt sich wahrscheinlich nun noch kleiner und inkompetenter.

Die Besserwisserin

Kaum haben sie eine noch so kleine Schwierigkeit aus Ihrem Erziehungsalltag erwähnt, überhäuft die Besserwisserin Sie auch schon mit gut gemeinten Tipps und Tricks aus ihrem offensichtlich reichhaltigen Erfahrungsschatz. Sie fühlt sich kompetent und überlegen, strahlt Souveränität aus und kann Ihnen ad hoc mindestens fünf zum Thema passende Ratgeber nennen. Nach diesem Gespräch – auch wenn es noch so kurz war – fühlen Sie sich geradezu erschlagen, vielleicht sogar ein bisschen erniedrigt. Sie bedanken sich aber trotzdem freundlich und versprechen Ihrer Gesprächspartnerin, sich schnellstmöglich die entsprechende Lektüre zu besorgen. Sie hat es ja nur gut gemeint ...

Die Schönrednerin

Die Schönrednerin gibt sich offen, will aber eigentlich mit Problemen nichts zu tun haben und sich auf ein Gespräch nicht wirklich einlassen. „Ach, das geht schon wieder vorbei", „Das ist halt so in diesem Alter" oder „Typisch Junge / typisch Mädchen" gehören mit Sicherheit zum Repertoire ihrer stereotypen Standardantworten. Nach einem solchen Dialog fühlt man sich meist nicht wirklich ernst genommen und zweifelt an seiner Wahrnehmung: Übertreibe ich womöglich? Sehe ich Gespenster? Ist mein Problem gar keins?

Die Schlechtes-Gewissen-Macherin

Besonders subtil und perfide arbeitet die Schlechtes-Gewissen-Macherin. Deutlich zeigt sie Ihnen, dass Sie schließlich selber schuld sind. Natürlich kennt sie selbst dieses Problem nicht: „Das würde ich mir nie von meinen Kindern gefallen lassen", ist ein schmerzhafter Schlag in die Magengrube jeder Mutter. Was habe ich falsch gemacht? Behandeln meine Kinder mich schlecht, weil ich nichts tauge? Warum schaffen es andere Mütter, sich durchzusetzen, nur ich nicht? Diese Gedanken könnten Ihnen nach einer solchen Begegnung durch den Kopf gehen.

Die Verständnisvolle

Die Verständnisvolle ist wahrscheinlich die hilfreichste von allen. Sie akzeptiert Ihre Gefühle, versucht nachzuvollziehen, was Sie empfinden, und äußert Mitgefühl, ohne in Mitleid zu versinken. Sie hört aufmerksam zu, stellt aber keine investigativen Fragen, bohrt nicht nach und beendet das Gespräch mit aufmunternden Worten wie „Kopf hoch, das schaffst du schon". Sie ist eine wohlmeinende Person, das steht außer Frage. Doch mit meinem Problem stehe ich eigentlich immer noch alleine da. Hätte nicht eine kritische Frage oder ein neuer Gedanke zum Thema doch ganz gutgetan?

Die Unkritische

Die Unkritische schlägt sich ungeprüft auf Ihre Seite, schimpft auf alle, auf die Sie auch schimpfen, unterstützt vorbehaltlos alle Ihre Vermutungen, woran das Problem liegen und wer denn schuld sein könnte. Sie fühlen sich bestätigt und etwas erleichtert, aber so richtig weiter gekommen sind Sie nun auch wieder nicht. Von der Unkritischen können sie uneingeschränkte Solidarität erwarten, aber keinerlei neue Impulse. Irgendwie haben Sie vielleicht auch das dumpfe Gefühl, dass sie keine rechte Lust hat, sich ernsthafte Gedanken über Ihr Problem zu machen …

Die Monologische

Die Monologische nutzt jede Ihrer Aussagen dazu, um sofort und von nun an ausschließlich von sich und ihrem Leben zu erzählen. Ihr Redebedürfnis ist unendlich, und nichts von dem, was Sie erwidern, findet Resonanz. Nachher wissen Sie alles über ihre Schwierigkeiten mit der Tochter, der Schwiegermutter und dem Pudel. Leider wurden weder Ihre eigenen Anliegen noch Ihre Einwände gehört. Zum Schluss fühlen Sie sich wahrscheinlich irgendwie dumpf und leer. Jemand hat Sie zur passiven Zuhörerin fatalistischer Monologe degradiert. Sicher werden Sie dieser Person von nun an auszuweichen versuchen …

Auch wenn das natürlich überspitzt ist: Es fällt uns nicht immer ganz leicht, wirklich aufeinander einzugehen. Manchmal haben wir einfach keine Lust oder keine Energie, uns auf Problemgespräche einzulassen. Das ist völlig in Ordnung. Wir dürfen jederzeit „Nein" sagen und uns von den Sorgen anderer Erwachsener distanzieren.

Manchmal aber möchte man ja helfen, weiß aber nicht so recht wie. Viele merkwürdig anmutende Gespräche resultieren nicht aus Mangel an gutem Willen, sondern aus Unsicherheit. Eine Freundin hat Dauerstress mir ihrem Kind, und wir wollen ihr etwas Gutes tun. Doch wie kann ich mich einmischen, ohne ihr ein schlechtes Gewissen zu machen? Soll ich mich unaufgefordert zu Wort melden und ihr sagen, dass ich sie zu streng oder zu inkonsequent finde und dass ich die heftige Reaktion ihres Kindes verstehe? Könnte ich sie verletzen oder gar ihre Freundschaft verlieren?

Besonders wenn es um die Kinder von Freundinnen oder Bekannten geht, ist es schwierig, den richtigen Ton zu treffen. Erziehung ist ein heikles Thema, und wir wissen, wie schon eine kleine ironische Bemerkung über die „Besserwisserei" des Sohnes oder die angebliche „Überempfindlichkeit" der Tochter uns unangenehm berühren kann. Schwer auszuhalten, wenn jemand Kritik an unseren Kindern übt und so auch uns mitten ins Herz trifft. Viele Mütter und Väter tendieren deshalb dazu, kritiklos und vehement das eigene Kind zu verteidigen, selbst wenn es an einem Konflikt beteiligt ist oder sogar selber etwas angestellt hat. Wir sehen unser Kind lieber als Opfer ungerechtfertigter Behauptungen denn als „Täter", denn das würde schließlich auch an unserem Selbstbewusstsein kratzen. Nicht selten geraten Eltern untereinander in Streit, weil ihre Kinder Konflikte miteinander haben und jeder dem anderen die Schuld dafür in die Schuhe schiebt – was mitunter groteske Züge annehmen kann.

Und da wir selber empfindlich sind, wenn es um unsere Kleinen geht, wollen wir natürlich auch anderen Müttern nicht zu nahe treten. Wir wollen ihnen nicht in die Erziehung hineinreden und uns nicht unbeliebt machen. Und schließlich riskieren wir auch eine Retourkutsche, die uns in eine missliche Seelenlage befördern könnte. „Ja, dass du mit deinem laschen Erziehungsstil meine Methoden zu streng findest, kann ich mir denken. Du lässt dir ja sowieso alles gefallen." Das sitzt. Und das möchte man vermeiden.

Und eigentlich ist es auch gut, dass wir vorsichtig mit Kommentaren sind, denn je plumper diese ausfallen, desto größer ist die Wahrscheinlichkeit, dass unser Gegenüber dichtmacht und das, was wir vielleicht wirklich Interessantes zu sagen haben, vor lauter Abwehr gar nicht mehr hört.

Je weniger wir uns aber trauen, ehrlich miteinander zu reden, desto mehr sind wir mit unseren Problemen allein. Wenn Sie folgende Regeln beherzigen, kann es zu durchaus konstruktiven und hilfreichen Gesprächen unter Müttern kommen:

❋ Seien Sie vorsichtig mit uneingefordertem Rat: Wenn Sie nicht ausdrücklich und ganz konkret nach einem Tipp gefragt werden, halten Sie sich mit Ratschlägen zurück. Fällt Ihnen aber ein ganz toller ein, den Sie auf jeden Fall loswerden wollen, weil er gerade so wunderbar passt, fragen Sie nach, ob Ihr Gegenüber den Rat auch hören will: „Ich hätte da eine Idee …"

❉ Üben Sie sich in Wertschätzung, auch wenn Sie manche Verhaltensweisen Ihres Gegenübers unmöglich finden oder nicht nachvollziehen können. Auch wenn Sie Kritik anbringen wollen, tun Sie das mit der nötigen Vorsicht und in angemessener Freundlichkeit.

❉ Sprechen sie von Ihren Gefühlen, Eindrücken, Empfindungen und kennzeichnen Sie diese auch als solche. Niemand hat die Wahrheit gepachtet, eine objektive Sicht der Dinge gibt es nicht. Auch die allseits bekannten „Ich-Botschaften" sind hier sehr zu empfehlen. Und: Konkret bleiben statt verallgemeinern. „Ich halte diese Strafe für unangemessen" hat z. B. einen ganz anderen Unterton als „Du bist viel zu streng zu deinen Kindern".

❉ Wenn Ihr Gesprächspartner ein Problem hat, das Sie selber für keines halten: Reden Sie es nicht klein! Alles, was jemanden bedrückt, sollte man ernst nehmen. Teilen Sie trotzdem Ihre persönliche Einschätzung mit, denn das kann der betroffenen Person helfen, das Problem zu relativieren und es in einem neuen Blickwinkel zu sehen.

❉ Wenn Sie interessiert an dem Problem Ihres Gegenübers sind, es aber nicht auf Anhieb verstehen, fragen Sie so lange nach, bis Sie es verstehen! Das hilft Ihnen beiden: Ihnen, das Problem besser zu begreifen, und dem Gegenüber, das Thema möglichst auf den Punkt zu bringen. Wer seinen Konflikt genau benennen kann, hat meistens den ersten Schritt für eine Lösung bereits getan! Und gleichzeitig wissen Sie beide nun, worum es eigentlich geht. Oft liegt nämlich hinter dem zuerst erwähnten Problem ein ganz anderes, das wichtigere nämlich, das, was uns wirklich Kummer macht!

❊ Verzichten Sie auf Schuldzuweisungen jeder Art. Wie wir ja schon mehrfach gesehen haben, helfen sie niemandem weiter.

❊ Seien Sie sich klar darüber, dass Sie niemals die Probleme anderer Menschen lösen können. Sie können höchstens jemandem bei der Klärung eines Problems zur Seite stehen – und das wäre schon ein großes Verdienst! Stecken Sie Ihre Ziele also nicht so hoch. Seien Sie nicht enttäuscht, wenn Ihre Gesprächspartnerin keine Konsequenzen aus Ihrem guten Gespräch zieht. Ob sie das Problem loswerden oder noch eine Weile behalten will, ist ja ihre Entscheidung.

Trösten Sie aber zum Beispiel regelmäßig eine Freundin, die in ihrer Beziehung unglücklich ist, aber keinerlei Konsequenzen zieht, und beschleicht Sie das Gefühl, zum Teil eines sich selbst erhaltenden Systems zu werden, dann steigen Sie aus diesem unerquicklichen Spiel aus. So helfen Sie sich selbst und Ihrer Freundin am besten.

❊ Wenn Sie nicht genau wissen, wie Sie Ihrer Bekannten bei einem Problem helfen können, fragen Sie ruhig: „Was wünschst du dir von mir, wie kann ich dir helfen?" Es kann einen Moment dauern, bis die Antwort fällt, denn oft weiß man nicht so genau, was man sich eigentlich erhofft. Vielleicht sind das ganz unrealistische Erwartungen, die da auf Sie zukommen. „Sag mir, was ich machen soll" ist eine oft gestellte Forderung, die kein noch so wohlwollender Mensch erfüllen kann. Diese Forderung dürfen Sie gerne weit von sich weisen, wie natürlich alles, was Sie nicht tun wollen oder können. Meistens aber wünschen sich Menschen einfach, dass jemand aufmerksam zuhört und sie ernst nimmt. Und dieses schöne Geschenk, können wir – wenn wir wollen – schließlich jedem machen.

Immer diese Besserwisser! Ungebetene Ratschläge und wie man mit ihnen umgeht

Kürzlich raunte mir eine Bekannte ins Ohr: „Ich hab mir ein tolles Buch über die Pubertät gekauft. Das solltest du unbedingt auch lesen!" Ich war pikiert. Ach, sollte ich das? Wie kommt sie darauf? Sehe ich so unglücklich aus? Hält sie mich für inkompetent und überfordert? Doch dann dämmerte es mir: Sie will mir ein Buch empfehlen, mehr nicht. Und wahrscheinlich war es auch ein kleiner Solidarisierungsversuch. Frei nach dem Motto: Wir Teenager-Eltern haben doch alle dieselben Probleme! Harmlos gemeint, ungeschickt formuliert.

Kein Mensch möchte gesagt bekommen, was er tun müsste oder sollte. Auf solch ungebetene Ratschläge reagieren wir schnell und oft abwehrend. Kein Wunder, denn wer kluge Ratschläge erteilt, signalisiert: „Ich weiß etwas, was du nicht weißt." Oder schlicht: „Ich weiß es besser als du." Und wer Ratschläge erteilt bekommt, fühlt sich entsprechend degradiert und für dumm erklärt. Schließlich hat er offensichtlich noch einiges dazuzulernen.

Doch wer möchte sich in Bezug auf seine Kinder gerne belehren lassen, und dann auch noch, ohne vorher darum gebeten zu haben? Vielen Dank, darauf verzichten wir gerne. Aber viele Menschen haben kein Gespür für ihre „gut gemeinten" Grenzverletzungen. Und sie wissen auch oft nicht, dass sie nicht hilfreich sind, sondern nerven. Das gilt es dann unbedingt zu spiegeln: „Ich brauche keine Ratschläge von dir, ich schaffe das allein. Wenn ich etwas wissen will, frage ich dich schon."

Oft sind es ja die lieben Verwandten, die einem reinquatschen – natürlich nur aus angeblicher Liebe und Zuneigung. Dann ist es für junge Eltern besonders schwierig, sich freundlich abzugrenzen, da man ja ihre Hilfe braucht und sie nicht vor den Kopf stoßen will. Doch auch hier gilt es, klar zu formulieren, was man sich wünscht und was man nicht gebrauchen kann. Machen Sie sich eine Liste, wie Sie sich die Unterstützung durch ihre Verwandten vorstellen, was Sie sich von ihnen wünschen und was sie bitte unterlassen sollen. Nur weil Mutter, Vater oder Schwiegermama manchmal aushelfen, haben sie noch lange nicht das Recht, dauernd in Ihrem Familienleben herumzupfuschen! Wenn wir diesbezüglich eine klare Position entwickelt haben, sind wir nicht so anfällig für Ratschläge und müssen diese auch nicht so heftig abwehren.

Prüfen Sie die Motivation des Besserwissers und Ihre eigene Reaktion:

- Ist es unbedarfter Übermut? Hat er/sie einfach drauflos geplappert, ohne sich etwas Böses dabei zu denken?
- Ist es Mangel an Respekt? Will mich jemand klein halten? Ist das wirklich so, oder befürchte ich das nur?
- Ist es Mangel an Vertrauen in meine Fähigkeiten? Will mir jemand signalisieren, dass ich etwas nicht gut mache? Will mir jemand ein schlechtes Gewissen einreden?
- Will die Person einfach wichtig sein, ihre Erfahrungen einbringen? Oder das eigene Erziehungsverhalten als gut und richtig darstellen und sich so vor Schuldgefühlen schützen? („Also, ich habe das früher *so* gemacht!" heißt vielleicht: „Wenn du das jetzt anders machst als ich, bedeutet das womöglich, dass ich es früher falsch oder schlecht gemacht habe, und das will ich nicht denken müssen.")

- Befinde ich mich mit der Ratgebenden in einer Konkurrenzsituation?
- Macht er / sie sich tatsächlich ernsthaft Sorgen um mich oder meine Kinder? Bietet er / sie auch Unterstützung an?
- Wem vertraue ich? Wer ist mir und meiner Familie wohl gesonnen? Wer respektiert mich?
- Von wem würde ich auch mal Kritik, Tipps oder Anregungen annehmen? Wen könnte ich um Ratschläge bitten?

Tatsächlich sind die meisten Ratschläge überflüssig und wenig hilfreich. Doch nicht alle Hinweise von anderen sind verkehrt oder dumm. Sind sie wohlwollend formuliert, kann man sich ja durchaus fragen, ob der- oder diejenige mit seiner indirekten Kritik nicht einfach recht hat. Manchmal ist es schwierig, Probleme innerhalb der eigenen Familie wahrzunehmen, weil man selber darin verstrickt ist und keinen distanzierten Blick hat. Da hilft manchmal ein Anstoß von außen, auf bestimmte Prozesse oder Entwicklungen aufmerksam zu werden. Wenn Sie den Gedanken geprüft haben und für abwegig halten, können Sie ihn ja immer noch über den Haufen werfen.

Machen Sie sich klar,
- dass *Sie* die Expertin für Ihre Familie sind,
- dass andere, insbesondere Familienangehörige, das zu respektieren haben,
- dass Ihnen keiner reinreden darf, wenn Sie das nicht wünschen,
- dass Sie das auch klar kommunizieren dürfen: „Danke, ich benötige keine Ratschläge von dir! Ich komme gut allein zurecht!",

✳ dass es manchmal den Horizont erweitert, wenn man Anregungen von vertrauenswürdigen Personen genauer unter die Lupe nimmt,

✳ und dass es kein Zeichen eigener Unfähigkeit ist, wenn ich ein Problem nicht selber erkannt habe, sondern darauf aufmerksam gemacht werden musste.

... und tschüss!
Das schlechte Gewissen freundlich verabschieden

„Nur wer sich ändert, bleibt sich treu."   Wolf Biermann

Schluss mit dem schlechten Gewissen: Warum wir auf die Schuldfrage getrost verzichten können

Wie wir gesehen haben, hat die Idee der mütterlichen Allein-
verantwortlichkeit Tradition, und wir glauben hartnäckig daran. Wer sonst, wenn nicht die Mutter hat die Aufgabe, aus
Kindern funktionstüchtige und fröhliche Erwachsene zu machen? Gut, zunehmend kommen die Väter wieder ins Gespräch, und viele junge Männer wollen in ihren Familien
präsenter sein, als ihre eigenen Väter das je waren. Und das
ist auch gut so.

Dennoch fühlen sich meistens noch die Mütter für das
Produkt der Erziehung verantwortlich. Funktioniert das Kind
nicht ordnungsgemäß, ist Mama schuld. Schlechte Noten
oder verhaltensauffällig: Mama ist schuld. Immer noch finden wir diesen Gedanken allzu selbstverständlich. Doch wer
klopft mal Mutti auf die Schulter, wenn das Kind fidel ist
und gut drauf? Ist das dann keine Leistung der Mutter, sondern bloß eine Laune der Natur?

Die Wahrheit liegt irgendwo dazwischen. Mütter sind
vielleicht die Hauptverantwortlichen und die für zuständig
Erklärten, aber doch längst nicht die Einzigen, die bedeuten-
den Einfluss auf die Entwicklung ihres Kindes haben.

Natürlich tragen wir Sorge für unsere Kinder. Wir sind
wichtige Bezugspersonen und diejenigen, denen sie ihr Ver-

trauen schenken. Wir müssen uns täglich darum kümmern, dass ihre Grundbedürfnisse befriedigt werden. Wir sollten günstige Bedingungen für ihre Entwicklung schaffen, ihnen Orientierung bieten und ihnen fürsorglich und hilfreich zur Seite stehen, so gut es eben geht. Und das tun wir ja auch.

Es ist natürlich auch nicht verkehrt, gelegentlich selbstkritisch zu sein und sein Verhalten einer kleinen Prüfung zu unterziehen. Schließlich kontrollieren wir so, ob unser Tun effektiv oder kontraproduktiv war, und können unser Verhalten dann entsprechend modifizieren.

Doch laden Mütter sich zu viel auf, wenn sie glauben, sie könnten die Entwicklung ihrer Kinder permanent unter Kontrolle behalten und stets dafür sorgen, dass alles planmäßig nach ihren Vorstellungen läuft und immer alle Familienmitglieder gleichermaßen glücklich und zufrieden sind. Wir sind nicht allmächtig, wir können eventuell auftretende Probleme nicht vorhersehen und sie auch nicht immer sofort lösen, wir können nicht immer alles im Griff haben. Wir können unsere Kinder auch leider nicht immer so schützen, wie wir das gern würden. Manche schmerzhafte Erfahrung können wir ihnen nicht ersparen und eigene „Fehlentscheidungen" oft erst im Nachhinein als solche erkennen. Unser Handlungsradius ist eben doch begrenzt, unser Einfluss ebenso, auch wenn uns oft das Gegenteil suggeriert wird. So schreibt Christa Mulack zu Recht: „Mütter werden in unserer Gesellschaft im Hinblick auf das Wohlergehen ihrer Kinder für alles verantwortlich gemacht, ohne dass sie mit der Macht und den finanziellen Mitteln ausgestattet sind, die zur Durchsetzung dieses Wohles erforderlich wären."

In der Tat: Ginge es nach dem Willen der Mütter, wäre so manch unfähiger Lehrer bereits vorzeitig in den Ruhestand versetzt, das gesamte Schulsystem zu Gunsten einer individuelleren Förderung der Kinder umgekrempelt, und viele Fernsehformate, Computerspiele und Internet-Chatrooms wären schon längst eingemottet.

Yolanda Cadalbert-Schmid stellt in ihrem Buch *Sind Mütter denn an allem schuld?* die berechtigte Frage, ob der Einfluss der Mütter nicht überbewertet werde, sowohl von den Fachleuten als auch von den Müttern selber. Und sie kommt zu dem Schluss: „Inzwischen wissen wir es eigentlich alle aus eigener Erfahrung, dass eine auch noch so perfekte Mutter nicht für ein glückliches und erfolgreiches Leben ihres Kindes garantieren kann." So ist es wohl. Und was die individuelle Entwicklung des Kindes angeht, spielen außer der viel gepriesenen Mutterliebe noch andere Parameter eine Rolle:

– der ganz spezielle Gen-Mix, der über Geschlecht, Gesundheit, Aussehen, Mentalität, Begabung, Temperament und vieles andere mehr entscheidet;
– der Vater, der selbst wenn er abwesend ist oder sich passiv verhält, wichtig für das Kind ist (oder gerade durch seine Abstinenz manchmal eine überdimensionale Bedeutung gewinnt);
– das gesamte Familiensystem, in dem es lebt, mit all seinen vielfältigen Bezügen und komplexen Beziehungen;
– die Familienhistorie, die – wie wir gesehen haben – ungeahnte Auswirkungen auf das Leben der Nachkommen haben kann;
– die Geschwister und die Geschwisterkonstellation, in die es hineingeboren wird;
– der Einfluss von Erzieherinnen und Lehrerinnen und die Art, wie es in seiner Einzigartigkeit in Kindergarten, Schule und anderen öffentlichen Institutionen wahrgenommen und gefördert wird (oder eben auch nicht);
– die alles überflutenden Medien Fernsehen und Internet mitsamt ihrer zum Teil höchst zweifelhaften Botschaften;
– das soziale und kulturelle Umfeld, modische Trends, der Zeitgeist, die Peergroup, usw.

Was Müttern das Leben lange schwer gemacht hat, ist der bislang überwiegend defizitorientierte Blick in Psychologie, Wissenschaft und Forschung: Stets wurde das Augenmerk darauf gelegt, was schiefläuft, was fehlt und unzulänglich ist. Zum Glück ist hier mittlerweile eine Tendenzwende festzustellen: So versucht z. B. die neuere Resilienzforschung herauszufinden, wie Kinder schwierige Lebenslagen meistern und was sie befähigt, trotz widriger Umstände stark und seelisch robust zu werden. Und in guten Beratungen und Therapien arbeitet man ohnehin „ressourcenorientiert", d. h. man sucht weder nach Schuld noch nach Mängeln, sondern vielmehr nach den Fähigkeiten und Kompetenzen, über die jeder Mensch verfügt und mithilfe derer man die anstehenden Probleme dann auch angemessen lösen kann.

Längst überholt ist auch die Vorstellung, dass Erziehung ein einseitiger Prozess ist, der sozusagen hierarchisch von oben nach unten verlaufe, dass das Kind sozusagen ein leeres Blatt sei oder eine beliebig formbare Knetmasse. Dass Erziehung eine viel anspruchsvollere Arbeit, nämlich ein komplexer systemischer Prozess und somit eine „nicht planbare Aktivität" ist, betont der Psychotherapeut Rotthaus: „Die ErzieherIn ist nicht ManagerIn von Erziehung, sondern Mitspielerin in einem evolutionärem Prozeß, an dem ErzieherIn und Kind gleichermaßen beteiligt sind und dessen Ausgang offen bleibt." Und auch der Psychologe Christoph Eichhorn meint: „Erziehungsprozesse verlaufen … nicht geradlinig, wie fast alle menschlichen Prozesse. Deshalb können Eltern gerade die Entwicklung ihrer Kinder nur bedingt steuern und kontrollieren. Brüche und Konflikte gehören zu ihrer Natur."

So richtet sich der Blick von Beratern und Therapeuten zunehmend auf das gesamte Beziehungsgeflecht, in dem wir leben. Familienpsychologen verstehen Familie als System, in dem das Handeln des einen das Handeln des anderen beeinflusst und beide sich gegenseitig bedingen. Rotthaus beschreibt Erziehung so als interaktiven Prozess, „in dem die Handlungen aller beteiligten Partner gleich wichtig sind, auch wenn Kinder und Erwachsene unterschiedliche Rollen und Aufgaben haben".

Im systemischen Denken wird also nicht schematisch in Ursache und Wirkung, in Schuld und Unschuld, in Täter und Opfer unterteilt, sondern jedes Verhalten gilt als Ursache und Wirkung zugleich. Ganz gleich, wer ein Problem zeigt oder äußert: Familiäre Schwierigkeiten werden stets als das Resultat komplexer und dynamischer Entwicklungsprozesse verstanden, die manchmal schwer zu durchschauen und oft auch erst im Rückblick zu verstehen sind.

Wir können uns der großen Verantwortung nicht entziehen, die wir – gemeinsam mit den Vätern – für unsere Kinder tragen. Der systemische Blick jedoch entlastet Mütter von der Vorstellung, sie seien hauptsächlich oder gar allein „schuld" an allem, was in der Familie passiert und irgendwie nicht rund läuft.

Schuldgefühle überwinden, Lebensfreude gewinnen: Drei Fallbeispiele

Wie wir gesehen haben, belasten Schuldgefühle und deren Abwehr nicht nur uns selbst, sondern auch unsere Familienbeziehungen. Sie hindern uns oft daran, authentisch zu sein, also uns im Kontakt mit unseren Liebsten echt, unverstellt und glaubwürdig zu verhalten. Auch deshalb ist es so sinnvoll, an dieser inneren Blockade nachhaltig zu arbeiten.

Alle Bemühungen, sich intensiver mit sich selbst zu beschäftigen, im eigenen Gewissen herumzukramen und einen Blick in die Vergangenheit zu riskieren, können nicht dazu führen, dass wir die überirdisch perfekte Person werden, die wir schon immer sein wollten. Vielmehr führt uns das alles direkt zu uns selbst. Je besser wir uns selbst kennen, je geübter wir in der Selbstwahrnehmung sind und je aufrichtiger wir mit unseren Gefühlen umgehen, desto klarer, präsenter, authentischer und empathischer werden wir auch im Umgang mit anderen Menschen sein können.

Davon profitieren besonders unsere Kinder: Lebendigkeit und Glaubwürdigkeit sind im Umgang mit den Kleinen schließlich wertvoller als jede pädagogisch durchdachte Erziehungsmaßnahme. Authentische Eltern zeigen ihren Kindern ehrlich, wer sie sind, und müssen ihnen nicht vorspielen, perfekt, übermächtig oder allwissend zu sein. Sie können Fehler und Ungeschicklichkeiten eingestehen, ohne sich schuldig fühlen zu müssen, und sie können sich bei ihren Kindern entschuldigen, ohne dabei das Gefühl zu haben, ihre Würde oder ihr Gesicht zu verlieren.

Der Vorteil für die Kinder liegt auf der Hand: Sie wissen genau, woran sie sind, und können sich auf ihre Eltern verlassen, da das, was die Eltern *sagen*, mit dem übereinstimmt, was sie *fühlen und vorleben*. Der Familientherapeut Jesper Juul entwickelte dafür eine einfache Formel: „Je authentischer die Eltern, desto besser geht es den Kindern."

Machen wir also Schluss mit den Schuldgefühlen und gewinnen so mehr Authentizität und Lebensfreude: Dass diese Rechnung aufgeht, zeigen anschaulich die folgenden drei Fallbeispiele:

Beispiel 1

Nähe und Kontakt statt Verwicklungen und Abwehr: Wie eine Mutter Schuldgefühle abbaut und so ein tiefes Verständnis für sich und ihren Sohn entwickelt.

Beatrice, 61 Jahre alt, war 24, als sie ihren Sohn P. bekam. Als er klein war, übernahm ihre Mutter einen großen Teil der Erziehungsarbeit, da Beatrice voll berufstätig war. Ihr Verhältnis zu ihrem Sohn war stark geprägt von dem Gefühl, als Mutter nicht zu genügen (ihre Mutter machte scheinbar alles besser) und sich überfordert zu fühlen.

Als P. drei Jahre alt war, bekam Beatrice eine Tochter, die von Geburt an blind war. Naturgemäß musste sie sich mit ihr besonders intensiv beschäftigen. Sie und ihr Mann achteten sehr darauf, P. trotzdem nicht zu kurz kommen zu lassen, was aber sicherlich doch oft der Fall war.

Nach dem Abitur und einer größeren Reise ist P. von zu Hause ausgezogen. Während seiner Zivildienstzeit begann er eine Therapie und erhielt von seinem Therapeuten die Aufgabe, seine Mutter mit der Behauptung zu konfrontieren, sie habe ihn nicht geliebt und immer abgelehnt. Diese Begegnung war sehr emotional, von vielen Tränen und von seiner Seite auch von heftigen Ausbrüchen begleitet. Beatrice war äußerst erschüttert über sein Gefühl, von ihr abgelehnt zu werden, und sehr betroffen darüber, dass er ihre Haltung ihm gegenüber so empfunden hatte. Sie hatte ihn immer sehr geliebt und war verzweifelt darüber, dass es ihm so schlecht ging.

Nach diesem aufwühlenden Gespräch brach P. den Kontakt zu seinen Eltern weitgehend ab. Beatrice suchte sich sofort eine Therapeutin und begann zunächst eine Einzel-, später eine Gruppentherapie. Bald wurde ihr klar, dass es ihre Schuldgefühle waren, die sie daran hinderten, P. und seine Bedürfnisse – und auch ihre eigenen Bedürfnisse – richtig wahrzunehmen und mit diesen ehrlich umzugehen. Sie arbeitete in der Therapie daran, ihre Schuldgefühle zu erkennen, und lernte sich selber besser zu verstehen. So wurde ihr auch klar, dass ihre Schuldgefühle sich aus verschiedenen Quellen gespeist hatten.

Von ihrer Mutter hatte sie beispielsweise oft zu hören bekommen, sie sei wie ihr Vater, der sich nicht genug um andere kümmerte und nur an sich selbst dachte. So hatte sie die Grundüberzeugung entwickelt, dass sie sich gar nicht richtig um ihr Kind kümmern konnte. Weiterhin fühlte sie sich, als sie mit P. schwanger wurde, tatsächlich noch nicht richtig reif für ein Kind. Sie hatte häufig andere Interessen im Kopf und fühlte sich angebunden. Sie hatte eine andere Lebensplanung und sah diese durch P.'s Geburt und ihre Ehe durchkreuzt.

In der Therapie befreite sie sich von der Überzeugung, sie sei nicht fähig, für andere zu sorgen. Ein bewusster Blick auf ihr bisheriges Leben zeigte Beatrice, dass sie das ja immer gemacht hatte! Sie erkannte außerdem, dass sie zwar immer auch ihre Interessen verfolgt hatte, dabei aber die Kinder nie vernachlässigt hatte und diesbezügliche Schuldgefühle überflüssig waren. Sie war nun in der Lage, ihre „mütterlichen" Fähigkeiten wirklich zu sehen.

Auf diesem Hintergrund konnte Beatrice sehr viel befreiter mit ihren Kindern umgehen. Das merkte sie, als P. sie erneut mit Vorwürfen konfrontierte:

Nach dem Zivildienst konnte er sich lange nicht entschließen, eine Ausbildung oder ein Studium zu beginnen. Als seine Mutter ihn fragte, wie er sich seine berufliche Zukunft denn vorstelle, warf er ihr vor, sie hätte in ihm schon seit seiner Kindheit einen Hochschullehrer mit musischen Neigungen gesehen, und das halte ihn davon ab, eine eigene Entscheidung zu treffen.

Beatrice war in dieser Situation sehr froh, nicht mit Schuldgefühlen und Abwehr reagieren zu müssen. Nach einigem Nachdenken konnte sie seine Annahme bestätigen: Ähnliches hatte sie tatsächlich in ihm gesehen, ohne dass es ihr selber richtig klar geworden war.

Sie erklärte ihm, dass es nicht darauf ankomme, was sie sich vorstelle oder wünsche. Damit entließ sie ihn aus dieser Bannung durch ihre Erwartung und überließ ihm die Entscheidung ganz und gar selbst. Sie sei offen für jeden Weg. Diese Reaktion hat ihren Sohn ziemlich erstaunt, dachte er doch, seine Mutter an einem empfindlichen Nerv getroffen zu haben und ihr die Schuld für sein Zaudern zuschreiben zu können.

Beatrice ging es in dieser Situation gut. Sie fühlte sich frei und konnte ihn und seine Schwierigkeiten gut sehen, ohne sich dafür schuldig zu fühlen.

Kurz darauf begann P. tatsächlich zu studieren. Mittlerweile hat er promoviert, ist Dozent an einer Privatuniversität, verheiratet und Vater von drei Kindern.

Kürzlich hat Beatrice seine Bitte, seine Kinder zu betreuen, abgeschlagen, weil ihr das zu viel war. Interessanterweise war er sehr froh über diese Ablehnung! Er sagte seiner Mutter, er erkenne daran, dass sie nicht aus lauter schlechtem Gewissen alle Bitten akzeptiere. So könne er sie viel ungehemmter um Hilfe bitten.

Beispiel 2

Die Trauer durchleben statt sich mit Selbstvorwürfen quälen: Wie eine Mutter nach dem Tod des Sohnes ihre Schuldgefühle überwindet und wieder mehr Liebe und Lebensfreude empfinden kann.

Gudrun, 56 Jahre alt, geschieden, kam mit einer schweren Depression in die Therapie. Zehn Jahre zuvor war ihr damals 24-jähriger Sohn gestorben – an einer Überdosis Heroin. Er war mit 18 Jahren von zu Hause ausgezogen. Sie wusste selten, wo er sich aufhielt.

Gudrun und ihr damaliger Ehemann erlebten die „Drogenkarriere" ihres einzigen Kindes als Schande und eigenes Versagen. Dies führte zu gegenseitigen Schuldzuweisungen und schließlich zur Trennung.

Gudrun fühlte sich schuldig und litt sehr darunter. Sie suchte den Fehler bei sich, in der Erziehung und in den Eheschwierigkeiten. Der Schock, dass ihr Sohn umgekommen war, saß ihr noch nach zehn Jahren tief in den Knochen.

Tatsächlich hatte Gudrun aber alle ihr zur Verfügung stehenden Strategien ausprobiert, um ihrem Sohn zu helfen. Es fiel ihr unglaublich schwer zu akzeptieren, dass sie ihm trotzdem nicht wirklich helfen konnte. Genau genommen musste sie ihm sogar Hilfe verweigern, wenn sie sein Suchtverhalten nicht unterstützen und in eine Co-Abhängigkeit geraten wollte.

Ihr war theoretisch klar, dass sie für seinen Tod nicht verantwortlich war. Trotzdem waren die Schuldgefühle kaum auszuhalten, und der Schmerz über den Verlust des Sohnes saß tief. Die Zweifel, ob sie nicht etwas anderes hätte tun können, nagten an ihr. Ihre Gedanken kreisten um das Leben und den Tod ihres Sohnes, sie versuchte diese Gedanken und die dazugehörigen Gefühle aber zu verdrängen. Die Folge war eine tief sitzende Depression. Lange schon sprach sie mit niemandem mehr über ihre Trauer und ihre Verzweiflung.

Im Prozess der Therapie stellte sich Gudrun zunehmend ihren Gefühlen, durchlebte sie und konnte so auch ihre Gedanken sortieren. Neben Trauer und Verzweiflung fühlte sie auch Wut und Hass auf Ehemann und Sohn, da sie merkte, wie überfordert sie oft gewesen war. Auch hatte sie sich oft alleine gelassen gefühlt, auch vom Sohn durch seinen selbstverschuldeten Tod. Ihre eigenen Bedürfnisse hatte sie immer mehr in den Hintergrund gestellt.

In der Therapie galt es, alle Facetten der Geschichte zu beleuchten, die Schuldgefühle genau zu analysieren und die vielen überflüssigen Schuldannahmen aufzulösen, Verständnis für sich selbst und die anderen Beteiligten zu entwickeln, Schmerz und Trauer zuzulassen und sich mit sich selbst zu versöhnen.

Eine innerlich erlebte Aussprache mit ihrem verstorbenen Sohn war sowohl für sie selbst als auch für die Therapeutin ein sehr berührendes Erlebnis. Nach dieser Aussprache hatte Gudrun das Empfinden, dass es ihm gut gehe und er sich wünsche, dass es auch ihr wieder gut gehe. Am Ende der Therapie waren die Schuldgefühle aufgelöst und das Verstehen und die Liebe für den Sohn und für sich selbst gewachsen.

Beispiel 3

Selbstbewusstsein statt Schuldgefühle: Wie eine Mutter ihr schlechtes Gewissen besiegt, sich ihre eigenen Bedürfnisse eingesteht und damit der ganzen Familie einen großen Gefallen tut

Martina, 42 Jahre alt, verheiratet und Mutter von vier Kindern, kam in die Therapie. Sie litt unter einem furchtbar schlechten Gewissen, da sie öfter „durchdrehte", ihre Kinder dann anschrie und sich in ihrer Wut kaum wiedererkannte.

Martina liebte ihre Kinder und sorgte gut für ihre Familie. Sie hatte hohe Ansprüche an sich selbst und wollte die beste Mutter, Ehefrau und Hausfrau sein. Ihren Kindern nahm sie viele Aufgaben ab und ließ ihnen viel Freiheit. Sie hatte schnell Schuldgefühle, wenn sie eigene Bedürfnisse verspürte, vor allem wenn diese ihrer Meinung nach im Konflikt zu den Interessen ihrer Familie standen. Sie war schnell enttäuscht, wenn die Kinder und ihr Mann nicht genauso aufopferungsbereit und selbstlos reagierten, wie sie das selbst tat. Sie beklagte sich über die mangelnde Hilfsbereitschaft der Familienmitglieder.

Anstatt jedoch klar zu formulieren, was sie wollte, konfrontierte sie die anderen mit ihrer Enttäuschung. So sagte sie etwa ihren Kindern, dass sie „enttäuscht" sei, dass diese ihr Zimmer nicht aufräumten. Ihre Kinder reagierten auf die enttäuschte Mutter mit Rückzug, sie stellten sich taub und stumm. Ihre Zimmer räumten sie natürlich weiterhin nicht auf.

Es stellte sich heraus, dass Martina ihren Kindern nie eindeutige Anweisungen gab, wer wann was machen sollte. Dies übte sie mit ihrer Therapeutin in einem Rollenspiel. Die hierbei gewonnenen Erkenntnisse setzte sie im Erziehungsalltag ein: Sie sagte ihrem Sohn klar und deutlich, dass er nun sein Zimmer aufräumen solle, in einer halben Stunde werde sie dann zu ihm kommen. Von der Reaktion des Sohnes war Martina völlig überrascht: Beschwingt lief er in sein Zimmer und hatte sogar Spaß daran, es aufzuräumen.

Nach kurzer Zeit hörten Martinas Wutanfälle gegenüber den sie enttäuschenden Kindern auf. Sie sagte jetzt deutlicher, was sie wollte, die Kinder zogen sich nicht mehr zurück, selbst wenn sie mal keine Lust hatten, die aufgetragenen Dinge zu erledigen.

Martina lernte im nächsten Schritt, auch für ihre eigenen Bedürfnisse einzustehen und sich dafür einzusetzen. Das Familienklima verbesserte sich allmählich, und alle hatten nun wieder viel mehr Spaß miteinander.

Kleines Gewissens-Therapeutikum:
Zehn Hausmittelchen fürs seelische Wohlbefinden

I. Akzeptieren Sie Ihr schlechtes Gewissen und gehen Sie freundlich mit sich um

Versuchen Sie nicht, gegen aufkommende Schuldgefühle anzuarbeiten. Nehmen Sie sie wahr und beobachten Sie einfach nur, was genau passiert:

* Was fühle ich?
* Wie reagiert mein Körper?
* Wie verhalte ich mich, wenn ich Schuldgefühle habe?

Verurteilen Sie sich nicht dafür, dass Sie Schuldgefühle haben, denn sie zeigen Ihnen, dass etwas in Ihnen in Aufruhr geraten ist, und übernehmen so eine wichtige Funktion.

Überlegen Sie, in welchen Situationen Sie sich angepiekst fühlen und wann sich Schuldgefühle einstellen:

* Welchen Anspruch an mich habe ich verletzt?
* Welche Schlussfolgerungen ziehe ich daraus? Sind diese gerechtfertigt?
* Kenne ich das von früher?

Wenn Sie mit sich selber schimpfen, überlegen Sie: Würden Sie einer guten Freundin dasselbe an den Kopf werfen? Können Sie kritisch und gleichzeitig wertschätzend mit sich umgehen? Nicht wirklich? Dann sollten Sie es unbedingt üben! Kommen Sie in akute Gewissensnöte, benutzen Sie das mentale Notfallköfferchen auf S. 208 ff.

2. Nehmen Sie Ihre Bedürfnisse wahr und sorgen Sie gut für sich

Schärfen Sie die Wahrnehmung für sich selbst und fragen Sie sich öfter mal:

* Wir geht es mir?
* Wie fühle ich mich?
* Was kann ich *jetzt* tun, damit ich mich wohlfühle?

Tun Sie sich oft etwas Gutes: Ob Sport, Yoga oder Massage, eine warme Badewanne oder ein ausgedehnter Spaziergang – was immer Ihnen Spaß macht: Machen Sie es! Auch dann, wenn der Abwasch wartet. Soll er doch! Erst das Vergnügen, dann die Arbeit!

3. Seien Sie lieber echt und ehrlich als immer pädagogisch

Erlauben Sie sich, unperfekt zu sein – besonders als Mutter! Freunden Sie sich mit dem Gedanken an, dass Sie eine liebenswerte Person und eine wunderbare Mutter sind, wenn Sie sich einfach gestatten, der Mensch zu sein, der Sie wirklich sind.

Wir können nicht immer die geduldige, aufopferungsvolle und fürsorgliche Mutter sein, die ausschließlich pädagogisch hochwertige Entscheidungen trifft. Und wir sollten es auch gar nicht anstreben. Denn, so der Psychotherapeut Rotthaus: „Kinder brauchen ... keine Eltern, die alles richtig machen – wenn es denn möglich wäre, wären solche Eltern für Kinder schlicht unerträglich. Sie wären ein unerreichbares Modell, das mutlos machen muss. Vielmehr brauchen Kinder Eltern und ErzieherInnen, die Stärken und Schwächen haben, die Fehler machen und dies den Kindern gegenüber offen bekennen."

Viel wichtiger als wohldurchdachtes Erziehungsverhalten ist allemal die Haltung, mit der wir uns und unseren Kindern begegnen. Ist sie grundsätzlich von Wohlwollen und Wertschätzung geprägt, ist das mehr wert als viele gute theoretische Vorsätze und angelesene Ratschläge.

4. Lassen Sie die Gefühle hinter den Schuldgefühlen zu

Wagen Sie ruhig auch einen Blick hinter die Kulissen: Hinter Schuldgefühlen sitzen oft Angst und Sorge, manchmal auch die pure Wut oder Hilflosigkeit. Lassen Sie diese Gefühle zu, auch wenn sie unangenehm sind. Sie zeigen uns, wo wir im Leben gerade stehen, woran wir arbeiten können und was wir brauchen.

Manchmal verbirgt sich hinter Schuldgefühlen auch eine tiefe Traurigkeit. Diese gilt es dann zu entdecken und zu befreien. Geschehenes, das wir bedauern, ist nicht mehr rückgängig zu machen, auch wenn wir das gerne würden. Dann bleibt uns nichts anderes übrig, als zu versuchen, die Entwicklungen verstehen zu lernen und die Folgen gegebenenfalls zu betrauern.

Trauern ist ein heilsamer Prozess. Die Psychoanalytikerin Alice Miller betont, wie wichtig Trauerarbeit ist, um sich und seine Kinder aus den eigenen Schuldgefühlen zu entlassen: Denn wenn Eltern „nicht mehr krampfhaft gegen eigene Schuldgefühle kämpfen und sie deshalb nicht auf das Kind abladen müssen, sondern das eigene Schicksal hinzunehmen lernen, geben sie ihren Kindern die Freiheit, *nicht gegen*, sondern *mit ihrer Vergangenheit zu leben* ... Wo solche Trauerarbeit möglich ist, fühlen sich die Eltern mit ihren Kindern *verbunden* und nicht von ihnen getrennt."

5. Betrachten Sie Erziehung als ständigen Lern- und Erkenntnisprozess

Das Leben mit Kindern ist mit Überraschungen und Entwicklungen verbunden, auf die wir nicht vorbereitet sein können. Da Erziehung aber in erster Linie Beziehungsarbeit ist, liegt die elterliche Verantwortung nicht so sehr darin, bloß keinen pädagogischen Fehler zu machen, sondern darin, sich auf die Beziehung zu dem Kind und damit auch auf Prozesse der tieferen Selbsterkenntnis einzulassen – auch wenn das mitunter schwierig oder schmerzlich sein kann.

Je mehr wir von uns wissen, je besser wir uns selbst verstehen, je klarer wir uns über unsere Verhaltensmuster sind, desto eher gelingt es uns, auch in kritischen Situationen authentisch zu bleiben. Wir lassen uns dann nicht so schnell in die Probleme anderer verwickeln, wir können besser zuhören, genauer hinsehen, gelassener auf Vorwürfe reagieren und fühlen uns nicht ständig genötigt, andere zu retten oder zu beeinflussen.

6. Richten Sie Ihren Blick auf das Positive und würdigen Sie Ihre Leistungen

Wir alle verfügen über vielfältige Fähigkeiten und Kräfte, die wir täglich einsetzen, um unser Leben zu managen. Oft halten wir sie für selbstverständlich oder nehmen sie gar nicht mehr wahr. Zu selten machen wir uns klar, was uns schon alles gelungen ist. Besonders in familiären Krisenzeiten vergisst man gerne alle Kompetenzen, die man über Jahre hinweg schon längst unter Beweis gestellt hat. Wenn wir den Blick hauptsächlich auf unsere Fehler und Defizite, unsere Mängel und Macken richten, geht uns irgendwann das Gefühl für unsere Ressourcen verloren. Wir definieren uns dann darüber, was wir *nicht* haben, *nicht* können, *nicht* schaffen. Deshalb sollten wir unbedingt lernen, unser Augenmerk mehr auf das zu richten, was prima funktioniert und was wir schon alles erreicht haben.

- Was läuft gut in unserer Familie?
- Welche Probleme haben wir schon gelöst?
- Wie meistern wir unsere Krisen?
- Was stärkt uns? Was macht uns Spaß?
- Was gefällt mir an mir, meinen Kindern, meinem Partner besonders gut?
- Welche Fähigkeiten bringe ich täglich in das Familienleben ein?

7. Bitten Sie um Unterstützung und nehmen Sie Hilfe an

Es liegt in der Natur der Dinge, dass wir manchmal an unsere Grenzen stoßen, uns überfordert oder hilflos fühlen. Ganz gleich, ob in praktischen Alltagsdingen, bei heftigen Familienstreitigkeiten oder in psychischen Notlagen: Suchen Sie sich Hilfe, wo immer Sie sie brauchen.

Auch wenn es uns Überwindung kostet und wir glauben, wir müssten es alleine schaffen: Warten Sie nicht, bis Sie unter der Last zusammenbrechen. Sorgen Sie rechtzeitig für tatkräftige Hilfe und mentale Entlastung – ob durch Babysitter, Nachbarn, Freunde, eine Haushaltshilfe, bei der Erziehungsberatung oder in einer Psychotherapie. Es zeigt, dass Sie gut für sich und Ihre Familie sorgen und verantwortungsbewusst handeln.

8. Lassen Sie von Schuldzuweisungen ab und formulieren Sie Vorwürfe um

Die Frage nach der Schuld bringt uns in Familienkonflikten nicht weiter. Gewöhnen wir uns diese Frage nach der Schuld

einfach ab. Interessanter ist es, sich die Prozesse anzuschauen, die Menschen miteinander durchlaufen. Wie entsteht aus einer Lappalie ein heftiger Ehestreit? Wie kommt
es, dass wir Dinge tun, die wir im Nachhinein gar nicht
erklären können? Warum reagieren wir so heftig auf bestimmte Verhaltensweisen unserer Kinder?

Und für unsere Befindlichkeit sind wir schließlich selber
verantwortlich. Achten Sie also darauf, in welchen Situationen Sie geneigt sind, sich oder andere für schuldig an etwas
zu erklären.

❊ Was empfinden Sie, wenn Sie Vorwürfe machen?

❊ Was wollen Sie damit erreichen?

❊ Was wollen Sie *eigentlich* sagen? Dann sagen Sie das –
z. B.: *„Nie bist du für mich da!"* → *„Ich wünsche mir, dass
du mich unterstützt / mich in den Arm nimmst / mit mir re-
dest ..."*

---

9. Nehmen Sie Kontakt zu dem Kind auf, das Sie einmal waren

Manchmal projizieren wir eigene Kindheitsängste und -be-
dürfnisse auf unsere Kinder. Doch unsere Kinder haben mitunter ganz andere Sorgen und Wünsche, als wir damals
hatten. Damit wir besser zwischen uns und ihnen unterscheiden können, macht es Sinn, gelegentlich die eigene
Kindheit zu inspizieren. Versetzen Sie sich doch ab und zu
einmal zurück und fragen Sie sich:

❊ Wie habe ich mich als Kind oft gefühlt?

❊ Was hat mit Spaß gemacht? Wer hat mir gut getan? Wer
nicht?

✳ Was hat mir gefehlt? Was hätte ich gebraucht?
✳ Fehlt mir das heute noch manchmal? Wie könnte ich das bekommen?

> ## Kleine Übung: Das kleine Mädchen in sich wiederfinden
>
> Suchen Sie sich ein Kinderfoto von sich heraus, das sie besonders berührt. Betrachten Sie es längere Zeit. Was für Gefühle steigen hoch? Mögen Sie das Kind auf dem Foto? Hegen Sie zärtliche Gefühle für dieses kleine Mädchen? Wie geht es ihm? Was braucht es? Was würden Sie ihm gerne sagen?

10. Üben Sie sich in Achtsamkeit und lassen Sie sich Zeit, Probleme zu lösen

Wir alle neigen dazu, unangenehme Zustände schnell „wegschieben" zu wollen. Das ist verständlich: Wer möchte sich schon gerne schlecht fühlen? Doch manchmal sollten wir innehalten und einfach spüren, was uns bewegt und beschäftigt, ohne sofort etwas ändern zu wollen. Eine gute Übung dafür ist die Achtsamkeitsmeditation, in der es nicht darum geht, möglicht sofort in eine tiefere Entspannung zu verfallen, sondern darum, *wahrzunehmen, was ist.* Einfach zur Kenntnis zu nehmen, was uns schmerzt oder drückt oder berührt, ohne es zu bewerten, kann uns helfen, liebevoller mit uns selbst und auch gelassener mit Problemen umzugehen.

Überhaupt sollten wir uns von der Vorstellung verabschieden, alles möglichst rasch wieder im Griff haben zu müssen: Schnelle Lösungen für komplexe Probleme gibt es nicht!

Lassen wir uns also Zeit, üben wir uns in Geduld und „entschleunigen" wir unseren hektischen Alltag. So vermeiden wir auch, aus Zeitdruck unpassende Entscheidungen zu treffen, die wir nachher womöglich bereuen oder über die wir uns später ärgern.

Rasche Linderung für das akute schlechte Gewissen: Das mentale Notfallkofferchen

Wenn Sie ganz aktuell das schlechte Gewissen zwickt, atmen Sie erst ein paar Mal tief aus.

Treten Sie innerlich ein paar Schritte zurück, um das Geschehene aus der Entfernung betrachten zu können. Erweitern Sie Ihre Perspektive, als säßen Sie im Kino in der hintersten Reihe. Lassen Sie das Erlebte, das bei Ihnen Schuldgefühle auslöst, wie einen Film vor Ihrem inneren Auge Revue passieren.

Versuchen Sie, sich ein wenig zu entspannen. Und dann stellen Sie sich folgende Frage:

❋ Habe ich tatsächlich jemandem Leid zugefügt oder Kummer bereitet?

Wenn ja:

❋ Was ist genau passiert?

❋ War es böse Absicht? Oder ein Versehen? War ich überfordert?

❋ War es in diesem Moment stimmig für mich, so zu handeln? Kann ich jetzt noch dazu stehen?

❋ Kollidierten meine Bedürfnisse bzw. Interessen mit denen des anderen?

* Hätte ich die Folgen vorhersehen können?

* Hätte ich anders handeln können? Was hat mich in dem Moment daran gehindert, es zu tun?

* Weiß ich mittlerweile etwas, was ich in dieser Situation noch nicht wissen konnte?

* Kann ich die Verantwortung für mein Verhalten übernehmen, ohne mich rechtfertigen oder dem anderen die Schuld zuschieben zu müssen?

* Wer trägt womöglich außer mir noch die Verantwortung? Möchte ich jemandem sagen, dass mir mein Verhalten leidtut?

* Will ich weitere Konsequenzen aus dem Geschehen ziehen?

* Kann ich mir mein Verhalten verzeihen?

Beispiel 1

Klaps auf den Po: Schuldbewusstsein und Konsequenzen statt Schuldgefühl

Sie sind in einer hektischen Situation sehr ungeduldig geworden, und Ihnen ist die Hand ausgerutscht. Nun haben Sie ein schlechtes Gewissen.

* Was ist genau passiert?
  Ich habe meinem Kind einen Klaps auf den Po gegeben, weil es einfach nicht gemacht hat, was ich wollte.

* War es böse Absicht? Oder ein Versehen? War ich überfordert?
  Böse Absicht war es nicht, mir ist im Eifer des Gefechts einfach die Hand ausgerutscht. Ja, ich war in dem Moment total gestresst.

✳ War es in diesem Moment stimmig für mich, so zu handeln? Kann ich jetzt noch dazu stehen?
Nein, ich habe mich schlecht dabei gefühlt und fühle mich immer noch schlecht.

✳ Kollidierten meine Bedürfnisse bzw. Interessen mit denen des anderen?
Ja, denn mein Kind wollte nicht das tun, was ich von ihm erwartete.

✳ Hätte ich die Folgen vorhersehen können?
Ja, natürlich, ich weiß ja, dass Schlagen nicht gut ist. Aber in diesem Moment konnte ich gar nicht mehr denken. Es war wie ein Reflex! Ich hab mich auch furchtbar provoziert gefühlt.

✳ Hätte ich anders handeln können? Was hat mich in dem Moment daran gehindert, es zu tun?
Vielleicht hätte ich kurzfristig den Raum verlassen oder doch einfach nachgeben sollen ... Doch ich dachte immer: „Eine Mutter muss sich doch bei ihrem Kind durchsetzen können! Warum schaffe ich das nicht?", und dann war ich einen Moment lang so verzweifelt und hilflos, dass mir die Hand ausgerutscht ist.

✳ Weiß ich mittlerweile etwas, was ich in dieser Situation noch nicht wissen konnte?
Dass auch mir so etwas „passieren kann". Hätte ich nie gedacht. Und dass ich es ganz schlecht aushalten kann, mich hilflos zu fühlen.

✳ Kann ich die Verantwortung für mein Verhalten übernehmen, ohne mich rechtfertigen oder dem anderen die Schuld zuschieben zu müssen?
Ja, denn mein Kind kann nichts dafür, dass ich so überreagiert habe. Ich trage dafür ganz allein die Verantwortung.

※ Wer trägt womöglich außer mir noch die Verantwortung?
Niemand.

※ Möchte ich jemandem sagen, dass mir mein Verhalten leidtut?
Ja, meinem Kind.

※ Will ich weitere Konsequenzen aus dem Geschehen ziehen?
Vielleicht sollte ich mal überlegen, was mich so unter Druck gesetzt hat und ob mich die Situation an etwas erinnert hat ... Und wahrscheinlich sollte ich auch öfter etwas Entspannendes für mich selber tun, damit ich insgesamt wieder etwas gelassener werde. Vielleicht auch mal jemanden um Entlastung bitten.

※ Kann ich mir mein Verhalten verzeihen?
Das dauert vielleicht noch ein bisschen, aber ich arbeite daran ...

Beispiel 2

Einen schönen Abend für mich ganz allein: Verantwortung ja, Schuldgefühle nein!

Sie wollen abends mit Ihrem Mann ausgehen und haben einen Babysitter engagiert. Als Sie losgehen wollen, beginnt Ihr Baby bitterlich zu weinen und streckt seine Ärmchen nach Ihnen aus. Sie sagen freundlich „Tschüss", winken und gehen trotzdem. Auf dem Weg ins Kino überkommt Sie das schlechte Gewissen. Sollen wir umkehren? Nimmt unser Kind Schaden? Kann ich den Abend überhaupt genießen, wenn ich dauernd an mein armes Kind denken muss?

※ Was genau ist passiert?
Mein Kind hat bitterlich geweint, als ich ging.

❋ War es böse Absicht? Oder ein Versehen? War ich überfordert?
*Böse Absicht auf keinen Fall, aber ein Versehen nun auch
wieder nicht. Ich wollte einfach mal wieder raus, mich als
erwachsene Frau und Partnerin fühlen, mich schick machen
und was Schönes erleben. Ganz egoistisch.*

❋ War es für mich in diesem Moment stimmig für mich, so
zu handeln? Kann ich jetzt noch dazu stehen?
*Eigentlich schon, denn ich finde, ich habe das Recht, auch
mal wegzugehen. Ich bin doch sonst immer da! Außerdem
ist die Babysitterin eine verantwortungsbewusste Frau, auf
sie kann ich mich verlassen.*

❋ Kollidierten meine Interessen mit den Interessen des anderen?
*Ja, allerdings, denn ich wollte weg, und mein Kind wollte,
dass ich bleibe. Ich habe einfach meine Bedürfnisse über seine gestellt!*

❋ Hätte ich die Folgen vorhersehen können?
*Ja, natürlich, ich war schon darauf vorbereitet, dass es wei-
nen wird.*

❋ Hätte ich anders handeln können? Was hat mich in dem
Moment daran gehindert, es zu tun?
*Nein, es ist schon in Ordnung, dass ich gegangen bin. Denn
wäre ich zuhause geblieben, hätte ich schlechte Laune bekommen und meinem Baby vielleicht die Schuld daran gegeben.*

❋ Weiß ich mittlerweile etwas, was ich damals noch nicht
wissen konnte?
*Ja, dass man manchmal einem Kind einen Abschieds-
schmerz nicht ersparen kann, wenn man mal etwas für
sich tun möchte.*

✳ Möchte ich jemandem sagen, dass mir mein Verhalten leidtut?
Nein. Denn ich stehe zu meiner Entscheidung. Aber ich verstehe und respektiere auch, dass mein Kind traurig war.

✳ Kann ich die Verantwortung für mein Verhalten übernehmen, ohne mich rechtfertigen oder dem Anderen die Schuld zuschieben zu müssen? Wer trägt womöglich außer mir noch die Verantwortung?
Ja, natürlich. Ich und mein Mann sind dafür verantwortlich. Es ist unsere Entscheidung gewesen, zu gehen. Und ich bin sicher, dass das Kind bei der Babysitterin gut aufgehoben ist.

✳ Will ich weitere Konsequenzen aus dem Geschehen ziehen?
Nein.

✳ Kann ich mir mein Verhalten verzeihen?
Da gibt es nichts zu verzeihen, denn ich habe nichts Falsches gemacht.

Wenn Sie niemandem Leid oder Kummer zugefügt haben, sondern dies nur befürchten oder sich diesbezüglich nicht sicher sind, gilt grundsätzlich: Im Zweifel für die Angeklagte. Klappen Sie das Notfallköfferchen einfach zu. Sie brauchen es nicht!

Literatur

Asgodom, Sabine, Lebe wild und unersättlich! 10 Freiheiten für Frauen, die mehr vom Leben wollen, Kösel, München 2007

Badinter, Elisabeth, Die Mutterliebe. Geschichte eines Gefühls vom 17. Jahrhundert bis heute, Piper, München, 4. Auflage 1999

Bayerisches Staatsministerium für Arbeit und Sozialordnung, Familie und Frauen (Hrsg.), Familienreport Bayern 2006 des Staatsinstituts für Familienforschung der Universität Bamberg

Beck, Ulrich, „Ich bin Ich: Vom Ohne-, Mit- und Gegeneinander der Geschlechter innerhalb und außerhalb der Familie". In: Risikogesellschaft, S. 161–204, Suhrkamp, Frankfurt am Main 1986

Becker, Irene / Meyer-Kles, Jutta, Lieber schlampig glücklich als ordentlich gestresst. Wege aus der Perfektionismusfalle, Campus, Frankfurt am Main 2004

Becker-Richter, Marion, Mutter ist an allem schuld. Mit Vorwürfen erwachsener Töchter umgehen, Kösel, München 2006

Bowlby, John, Frühe Bindung und kindliche Entwicklung, Ernst Reinhardt, München, 4. Auflage 2001

Bundesministerium für Familie, Senioren, Frauen und Jugend (Hrsg.), Siebter Familienbericht: Familie zwischen Flexibilität und Verlässlichkeit. Perspektiven für eine lebenslaufbezogene Familienpolitik, Berlin 2006

Bundesministerium für Familie, Senioren, Frauen und Jugend (Hrsg.), Facetten der Vaterschaft. Perspektiven einer innovativen Väterpolitik, Berlin 2006

Bundesministeriums des Inneren und der Justiz (Hrsg.), Zweiter Periodischer Sicherheitsbericht, Berlin 2006

Burgbacher, Verena / Eißler, Carola, Schluss mit dem schlechten Gewissen. Wege zu mehr Lebensfreude, Herder, Freiburg 2005

Cadalbert-Schmid, Yolanda, Sind Mütter denn an allem schuld? Kösel, München, 5. Auflage 1994

Caplan, Paula J., „Mother-Blaming". In: Ladd-Taylor, Molly / Umansky, Lauri, „Bad" Mothers. The Politics of Blame in Twentieth-Century America, New York University Press, New York 1998, S. 127–144

Chu, Victor, Lebenslügen und Familiengeheimnisse. Auf der Suche nach der Wahrheit, Kösel, München 2005

Dreikurs, Rudolf, Grundbegriffe der Individualpsychologie, Klett-Cotta, Stuttgart, 5. Auflage 1989

Dykstra, Ingrid, Wenn Kinder Schicksal tragen, Kösel, München 2002

Ehrenberg, Birgit, Die Mami-Falle. Das etwas andere Handbuch für glückliche Mütter, Goldmann, München 2006

Ehrhardt, Ute, Gute Mädchen kommen in den Himmel, böse überall hin. Warum Bravsein uns nicht weiterbringt, S. Fischer, Frankfurt am Main, 26. Auflage 1994

Eichhorn, Christoph, Eltern sind nicht immer schuld. Warum manche Kinder schwieriger sind, Klett-Cotta, Stuttgart 2003

Emma, „… und immer das schlechte Gewissen." Interview mit Ursula von der Leyen, März / April 2006

Evenson, Dirk, „Zielgruppe: Familie. Ob Brühwürfel, Fertig-gerichte, Putzmittel", www.fluter.de, 25. 03. 2003

Familie & Co. / Institut für Markt- und Medienpsychologie, Wenn Frauen Mütter sind. Eine psychologische Studie, wie Frauen mit Kindern sich heute sehen.

Fromm, Erich, „Psychoanalyse und Ethik. Bausteine zu ei-ner humanistischen Charakterologie" in: Gesamtausgabe, Analytische Charaktertheorie, Deutsche Verlagsanstalt, Stutt-gart 1980

Gaschke, Susanne, Die Erziehungskatastrophe. Kinder brau-chen starke Eltern, Heyne, München 2003

Gerster, Petra / Nürnberger, Christian, Der Erziehungsnot-stand. Wie wir die Zukunft unserer Kinder retten, Rowohlt, Berlin 2001

Glöckner, Angelika, Frei von falschen Schuldgefühlen, Fehler erkennen – Selbstzweifel loslassen, Herder, Freiburg 2003

Hannover, Irmela / Birkenstock, Arne, Familienbilder im Fern-sehen. Eine Studie des Adolf-Grimme-Instituts

Hantel-Quitmann, Wolfgang, Beziehungsweise Familie, Fami-lienpsychologie und Familientherapie, Band 2: Grundlagen, Lambertus, Freiburg 1996

Herman, Eva, Das Eva-Prinzip. Für eine neue Weiblichkeit, Pendo, Zürich 2006

Honkanen-Schoberth, Paula, Starke Kinder brauchen starke Eltern, Urania, Stuttgart, o. J.

Juul, Jesper, Aus Erziehung wird Beziehung. Authentische Eltern – kompetente Kinder, Herder, Freiburg 2005

Kößler, Hubert / Bettinger, Armin (Hrsg.), Vatergefühle, Kreuz, Stuttgart 2000

Lambeck, Silke / Zylka, Regine, Das große Jein. Zwanzig Frauen reden über die Kinderfrage, Rowohlt, Berlin 2006

Largo, Remo H., Kinderjahre. Die Individualität des Kindes als erzieherische Herausforderung, Piper, München, 4. Auflage 2001

Largo, Remo H. / Czernin, Monika: Glückliche Scheidungskinder. Trennungen und wie Kinder damit fertig werden, Piper, München, 4. Auflage 2003

McDonnell, Jane Taylor, „On Being the ‚bad‘ Mother of an Autistic Child" in: Ladd-Taylor, Molly / Umansky, Lauri, „Bad" Mothers. The Politics of Blame in Twentieth-Century America, New York University Press, New York 1998, S. 220–229

Medien Tenor, Kinder für Journalisten nur als Straftäter interessant. Langzeitanalyse zur Darstellung von Kindern und Jugendlichen in den deutschen Medien, 2001–2004, 11.05.2004

Miller, Alice, Am Anfang war Erziehung, Suhrkamp, Frankfurt am Main 1980

Miller, Alice, Das Drama des begabten Kindes, Suhrkamp, Frankfurt am Main 1997

Münchhausen, Anna von, Eine Stunde für mich allein. Das Verwöhnprogramm für gestresste Mütter, Rowohlt, Reinbek 1999

Mulack, Christa, Und wieder fühle ich mich schuldig. Ursachen und Lösung eines weiblichen Problems, Kreuz, Stuttgart 1993

Neuburger, Robert, Das Familientrauma. Wege zurück ins Leben, Patmos, Düsseldorf 2007

Oberdorfer, Rotraud / Rost, Harald, „Auf der Suche nach den neuen Vätern. Familien mit nichttraditioneller Verteilung von Erwerbs- und Familienarbeit", Staatsinstitut für Familienforschung an der Universität Bamberg 2002

Ochs, Matthias / Orban, Rainer, Was heißt schon Idealfamilie?! Wie Alleinerziehende, Scheidungskinder und Patchworkfamilien glücklich werden, Eichborn, Frankfurt am Main 2002

Omer, Haim / von Schlippe, Arist, Autorität ohne Gewalt. Coaching für Eltern von Kindern mit Verhaltensproblemen. „Elterliche Präsenz" als systemisches Konzept, Vandenhoeck & Ruprecht, Göttingen 2002

Ortgies, Lisa, „… nicht unter Schmerzen geboren", www.emma.de März / April 2007

Paris, Thomas und Eileen, Nicht wie meine Eltern, Scherz, München & Wien 1999

Pease, Allan und Barbara, Warum Männer nicht zuhören und Frauen schlecht einparken, Ullstein, München 2000

Pfund, Karen, Die Kunst in Deutschland Kinder zu haben, Argon, Berlin 2004

Purves, Libby, Die Kunst (k)eine perfekte Mutter zu sein, Kabel, Hamburg 1987

Ramirez Basco, Monica, Wenn Perfektionismus zur Qual wird, So befreien Sie sich von zu hohen Ansprüchen, mvg, Landsberg am Lech 2000

Richter, Horst Eberhard, „Kinder brauchen langfristige Verlässlichkeit. Kindheit und Familie in der Entwicklung zur postmodernen Gesellschaft", Rede an der Universität Oldenburg am 12.06.2006

Rotthaus, Wilhelm, Wozu erziehen? Entwurf einer systemischen Erziehung, Carl-Auer-Systeme, Heidelberg, 4. Auflage 2002

Rousseau, Jean-Jacques, Emile oder Über die Erziehung, Schöningh, Paderborn, 6. Auflage 1983

Shell-Jugendstudie: Jugend 2006. Eine pragmatische Generation unter Druck, Bielefeld 2006

Schenk, Herrad, Wieviel Mutter braucht der Mensch? Der Mythos von der guten Mutter, Rowohlt, Reinbek, 6. Auflage 2005

Schneewind, Klaus A., Familienpsychologie, Kohlhammer, Stuttgart, 2. Auflage 1999

Schophaus, Michael, Mütter sind die besseren Frauen. Eine männliche Liebeserklärung, Pendo, Zürich 2003

Shields, Brooke, Ich würde dich so gerne lieben. Über die große Traurigkeit nach der Geburt, Ullstein, Berlin 2006

Der Spiegel, „Die Erziehung der Eltern. Wie Mütter und Väter um ihre Autorität kämpfen", 18.07.2005

Spiegel online, „Heimelig Kerzen platzieren und Apfelkuchen backen", 03.09.2006

Stern, „Kleine Tyrannen: 100 Fragen ratloser Eltern und 100 Antworten erfahrener Experten", 26.07.2007

Stierlin, Helm, „Scham- und Schuldgefühle in der Familienbeziehung: Theoretische und klinische Aspekte", in: Psychoanalyse – Familientherapie – systemische Therapie, Klett-Cotta, Stuttgart 2001, S. 185–209

„Subtile Mächte. Psychologie der Werbung". In: Gehirn & Geist 1/2001

Vinken, Barbara, Die deutsche Mutter. Der lange Schatten eines Mythos, Piper, München 2001

Vorwerk Familienstudie, Ergebnisse einer repräsentativen Bevölkerungsumfrage zur Familienarbeit in Deutschland 2006

„Werbung, die Mütter hassen", In: Werben & Verkaufen, 19.04.2007

Wolf, Doris, Wenn Schuldgefühle zur Qual werden. Wie Sie Schuldgefühle überwinden und sich selbst verzeihen lernen, PAL Verlagsgesellschaft, Mannheim, 2. Auflage 2003

Die Zeit, „Kleine Kinder, große Sorgen", 31.08.2006

Die Zeit, „Plakative Weibsbilder", 06.05.2004

Besuchen Sie mich im Internet auf meinem Weblog:
www.felicitasroemer.typepad.com

Leben mit Kindern

Thomas Gesterkamp
Die neuen Väter zwischen Kind und Karriere
So kann die Balance gelingen
Band 5752

Kind und Karriere – wie soll das gehen? Immer mehr Väter stellen sich heute dieser Frage. Thomas Gesterkamp gibt Antworten aus eigener Erfahrung.

Katrin Göring-Eckardt
Leichter gesagt als getan
Familien in Deutschland
Band 5768

Job, Partner, Freundeskreis, Ehrenamt, Sportverein, die eigenen Eltern – und 24 Stunden am Tag Vater und Mutter? Wie das gelingen kann, was sich verändern muss und wo die Grenzen liegen.

Sylvia Görnert-Stuckmann
Oma ist die Beste
Warum Großeltern wichtig sind
Band 5877

Freudig berührt sind alle, wenn sich ein Enkelkind ankündigt. Hier gewinnen Großeltern einen Einblick, was sie erwartet und wie sie ihre neue Rolle leben können.

Johanna Graf
Familienteam – das Miteinander stärken
Das Geheimnis glücklichen Zusammenlebens
Band 5565

Die Kunst, eine glückliche Familie zu sein, lässt sich lernen. Nach diesem Grundkurs dürfen sich alle Eltern gut auf diese Herausforderung vorbereitet fühlen.

Helga Gürtler
Das Glück einer besonderen Beziehung
Großeltern und ihre Enkelkinder
Band 5529

Großeltern bringen Ruhe, Sicherheit, Gelassenheit. Aber vor allem: wertvolle Zeit. Eine Beziehung, die den Großen und den Kleinen gut tut.

HERDER spektrum

Hans Jellouschek
Wie Liebe, Familie und Beruf zusammengehen
Partnerschaft heute
Band 5778
Job, Eltern sein, Partnerschaft – auf die Balance kommt es an: Jedes Paar kann lernen, im Spannungsfeld verschiedener Anforderungen den eigenen Weg zu einer glücklichen Beziehung zu finden.

Jesper Juul
Aus Erziehung wird Beziehung
Authentische Eltern – kompetente Kinder
Hg. von Ingeborg Szöllösi
Band 5533
Kinder auf eine sensiblere Art sehen und ernst nehmen und störendes Verhalten in Botschaften übersetzen: Das führt zu Autorität auf der Basis von Achtung, Verantwortung und gegenseitigem Respekt.

Linde von Keyserlingk
Die schönsten Geschichten für die Kinderseele
Band 5799
Diese Geschichten stärken die Seele: sie machen Mut und spenden Trost, bringen zum Lachen und zum Staunen: es sind Geschichten, die unmittelbar die Gefühle von Kindern ansprechen.

Gabriele Ulsamer/Bertold Ulsamer
Spielregeln des Familienlebens
Ordnungen der Liebe zwischen Eltern und Kindern
Band 5765
Der originelle Familienratgeber – Ein praktisches Buch, das Eltern lebendig und anschaulich zeigt, wie es möglich ist, Familie gesund und frei von schädigenden Strukturen und unnötigem Störungspotential zu gestalten und zu leben.

Marie-Claude Vallejo/Mireille Fronty
Patchwork-Mama
Neue Familie, neues Glück
Band 5824
Immer mehr Frauen erziehen Kinder, die nicht ihre eigenen sind. Wie sie diese Aufgabe bewältigen können, erläutert dieses Buch. Realistisch, praktisch, anschaulich.

HERDER spektrum